本书得到辽宁省教育厅专项基地课题
"股权再融资、社会责任与效率评价"(ZJ2015011)项目资助

上市公司
定向增发问题研究

毕金玲 ◎ 著

中国社会科学出版社

图书在版编目（CIP）数据

上市公司定向增发问题研究/毕金玲著. —北京：中国社
会科学出版社，2016. 12
ISBN 978 - 7 - 5161 - 9054 - 8

Ⅰ.①上… Ⅱ.①毕… Ⅲ.①上市公司—融资—研究—中
国 Ⅳ.①F279. 246

中国版本图书馆 CIP 数据核字（2016）第 237600 号

出 版 人	赵剑英
责任编辑	卢小生
责任校对	周晓东
责任印制	王 超

出 版	中国社会科学出版社
社 址	北京鼓楼西大街甲 158 号
邮 编	100720
网 址	http：//www. csspw. cn
发 行 部	010 - 84083685
门 市 部	010 - 84029450
经 销	新华书店及其他书店

印 刷	北京君升印刷有限公司
装 订	廊坊市广阳区广增装订厂
版 次	2016 年 12 月第 1 版
印 次	2016 年 12 月第 1 次印刷

开 本	710 × 1000 1/16
印 张	11
插 页	2
字 数	162 千字
定 价	45. 00 元

前　言

　　上市公司股权再融资指的是公司在首次公开发行（IPO）以后，通过资本市场以配股、公开增发、定向增发等方式，向投资者再次筹集资金的行为。公司股权再融资问题是财务管理研究的重要内容，其不仅关系到公司自身的资本结构、控制权配置等问题，也关系到资本市场的资金配置效率和投资者利益。从我国上市公司股权再融资发展的脉络来看，2006年以前，上市公司主要采用配股和公开增发方式进行股权再融资，2006年以后，随着股权分置改革的完成，监管层推出定向增发，由于其诸多优势的存在，越来越多的上市公司转而采用定向增发方式进行股权再融资。因此，2006年以后，关于股权再融资的文献研究主要针对定向增发问题，本书主要研究定向增发这一股权再融资形式。

　　通过国内外的文献梳理，可以发现，国外研究基本立足于国外资本市场和上市公司特征而展开，国内外定向增发的研究有共性也有各自特点，如都关注定向增发公告效应和业绩表现的研究，这说明对于国内外上市公司而言，定向增发的最终目的均离不开提升公司价值这一永恒的主题。另外，都关注定向增发的折价问题，但由于监管、市场环境及公司治理结构的不同，内在机理分析的侧重点不同，国内更多关注大股东掏空，而国外更多地从市场环境和治理结构切入研究，目前来看，立足于我国经济转型以及资本市场改革的实际去探讨定向增发问题显得更有意义。在这种背景下，本书系统地研究了上市公司定向增发。全书分为八章，各章的内容大致如下：

　　第一章在数据统计分析基础上介绍股权再融资发展的概况。第二章是关于国内外定向增发的文献梳理，在前人研究的基础之上，提出了本书的研究视角和研究内容。第三章介绍定向增发前的公司行为，即定向增发与盈余管理。第四章是定向增发后的公司行为，即定向增发与投资效率。第五章介绍定向增发公司的长短期业绩表现。与前人不同的是，本书采用倾向得分匹配的方法对定向增发业绩表现进行研究以克服样本选择的偏误。另外，由于上市公司和投资者都非常关注定向增发公司的价值，所以，本书在第六章和第七章分别研究了对定向增发公司价值影响较大的两个因素，即机构投资者和社会责任履行。第八章将定向增发与公开增发公司价值进行了比较。本书研究结论显示，第一，上市公司在定向增发前会进行盈余操控（包括应计项目和真实活动），具体操控方式与定向增发的对象有关，而这种操控又会导致定向增发公司短期和长期业绩下降。第二，定向增发后公司的非效率投资更严重，定向增发没能如预期那样提高公司的投资效率，而且大股东参与定向增发会导致更大程度的非效率投资。第三，定向增发短期可能存在正公告效应，但长期业绩表现呈下降趋势。第四，机构投资者认购定向增发股票，主要偏向追求短期获利，并没能发挥在公司治理中的积极作用，不利于公司价值的提升；但是履行社会责任的定向增发公司，其公司价值较高，总的来说，定向增发的公司价值并没有显著高于公开增发公司。

本书不同于以往文献的创新之处主要体现在以下几个方面：

（1）前期文献在研究定向增发时只孤立地研究某一方面的内容，实际上定向增发作为企业的一种行为，其涉及事前、事中、事后等各个环节，而全过程的研究更有利于把握问题的整体，本书不仅研究了定向增发后的业绩表现，而且还研究了定向增发前的公司行为，试图从全方位去观察和了解定向增发，同时结合中国公司的股权结构特征，关注大股东在定向增发中的作用，旨在对未来监管层监管政策的调整及上市公司定向增发的选择提供方向。

（2）在关于定向增发后的业绩表现中，不局限于研究其公告效应和经营业绩表现，而是引入"投资效率"，研究定向增发公司的投资效率表现。另外，由于不同产权性质的公司在组织结构、公司治理、融资约束、投资效率等方面均存在差异，产权性质对于股权融资的影响是值得研究的问题，因此，本书在研究定向增发效率表现时将产权性质引入研究当中；关注国有上市公司和非国有上市公司是否有不同表现。

（3）前期很多文献特别是研究定向增发公司业绩的文献，谈到不足之处都提到"受限于时间，未能进行更长期的观测"，通过查阅发现大部分文献研究的样本期间都在2006—2009年这段时间，而目前时间优势为我们的研究提供了良好的契机，本书进行了更长期的业绩观测。

目　录

表目录

图目录

第一章　股权再融资发展概况

融资是公司财务管理的重要内容，上市公司能否筹集到经营所需要的资金，对自身发展至关重要。按资金的来源途径，融资可以分为内源融资和外源融资，其中外源融资又可分为债权融资和股权融资两类。大量研究表明，我国上市公司存在股权融资偏好，而公司股权融资行为影响公司的资本成本、资本结构和控制权配置，甚至关系到整体资本市场的资金配置效率和广大投资者的利益，因此上市公司股权融资问题是一个值得研究的问题。纵观我国上市公司股权再融资发展的历史，基本包括配股、公开增发和定向增发三种形式。

第一节　配股

配股是指上市公司按照股东持股比例向现有股东发行股份的融资行为，具体是指上市公司根据自身发展需要，依据有关规定和相应程序，向现有股东进一步发行新股融资。根据股东身份的不同，可以分为向社会公众股东、法人股东和国家股东的配售，由于所有股东都是按相同的比例认购，所以配股后股东所持股份所占公司总股本的比例不变，大股东的地位不受影响。参与配股的资产可以是现金、实物或无形资产，社会公众股东一般以现金认购，法人或国家股东则可以采取不同的资产形式进行认购。配股方式是我国上市公司最早采用的融资方式，在1998年5月以前，也是我国上市公司唯一的股权再融资方式，该方式面向老股东，不涉及新老股东之间利益的平衡，操作简单，审批快捷，早些年被上市公司广泛采用。

配股融资的优点体现在不会引起股权结构发生大的变化，有利于保证股东对公司的控制及股东利益。但是，配股融资的缺陷也很明显。一方面，由于配股是针对原有股东的配售，发行后在二级市场价格会有除权的过程，因此对流通股的原股东而言，具有一定的"强卖"性质，可能造成其除权损失；另一方面，股权分置改革以前，由于我国上市公司中非流通股股份所占比重较大，且国有股普遍存在所有者缺位或国有股自有资金不足的问题，因此在配股时，一般非流通股股东都选择放弃配股权或者是采取转配股的方式，这样会损害流通股股东的利益，但随着股权分置改革的完成，这一缺陷已经基本不存在。图1-1是1998—2014年我国上市公司配股情况的变动趋势图，从图1-1中我们可以进一步了解我国上市公司17年间配股变化的情况。

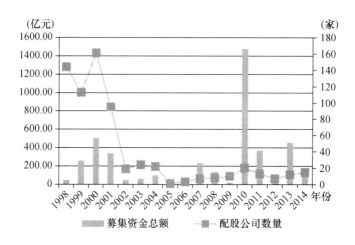

图1-1 1998—2014年配股募集资金总额及公司数量变动趋势

资料来源：WIND 资讯数据库（以下同）。

一 配股募集资金总额及公司数量变动

首先，从募集资金总额来看，1998—2014年配股募集资金总额为4253.84亿元，其中，1998—2000年一直呈上升趋势，2000年

表1-1　　　1998—2014年配股募集资金总额、公司数量及占比

年份	募集资金总额（亿元）	占比（%）	公司数量（家）	占比（%）
1998	43.78	1.03	144	21.36
1999	258.27	6.07	113	16.77
2000	500.52	11.77	161	23.89
2001	336.28	7.91	95	14.09
2002	48.11	1.13	19	2.82
2003	59.70	1.40	24	3.56
2004	99.32	2.33	22	3.26
2005	1.31	0.03	1	0.15
2006	11.06	0.26	3	0.45
2007	230.87	5.43	7	1.04
2008	136.50	3.21	8	1.19
2009	19.19	0.45	10	1.48
2010	1477.70	34.74	20	2.97
2011	368.14	8.65	13	1.93
2012	68.76	1.62	7	1.04
2013	452.32	10.63	12	1.78
2014	142.02	3.34	15	2.23
总计	4253.84	100	674	100

资料来源：WIND资讯数据库（时间根据股权登记日进行统计）。

募资500.52亿元，约占11.8%，随后开始下降，2005年只有1家公司进行配股再融资，2006年以后，配股募资金额又逐渐上升，但是2009年较少，只有19.19亿元；2010年异常突出，达到1477.70亿元，占比接近35%，主要原因是2010年工商银行、中国银行、交通银行、兴业银行和招商银行5家银行同时进行配股，募集资金总额占当年配股募集资金总额的86%以上，由此导致当年的配股募资金额显著高于其他年份。另外，2011年的募资金额也较大，达到368.14亿元，占比接近9%，2013年配股募资金额也较多，达到452.32亿元，占比超过10%，主要原因是2011年和2013年中信银行和招商银行分别配股募资174.88亿元和274.43亿元，其他年份

变动幅度不大；可以看出，国内上市公司已经较少采用配股的方式融资，但个别年份银行类上市公司会进行配股，而募集资金数量往往较大。从配股公司家数来看，1998—2014 年共进行了 674 次配股，1998—2001 年配股公司家数较多，4 年间配股公司数量占比接近全部配股公司数量的 75%，随后逐渐下降，一直到 2014 年，各年配股公司数量占比都较少，最高也只是 2003 年的接近 3.6%，可见，从 2002—2014 年，越来越少的公司选择采用配股方式进行再融资，最多的时候 2003 年也只有 24 家公司进行配股融资，2005 年和 2006 年分别只有 1 家和 3 家公司配股融资。

二　配股政策变动

我国上市公司配股政策经历了一个由松到紧再由紧到松的过程，是随着我国资本市场的逐步发展而发展完善的，具体见表 1-2，1993 年证监会颁布了《关于上市公司送配股的暂行规定》，批准飞乐音响、飞乐股份、浙江凤凰、兴业房产、上海强生、深安达等 7 家公司进行配股。1994 年 9 月，证监会颁布了《关于执行〈公司法〉规范上市公司配股的通知》，10 月又陆续出台了《关于上市公司送配股的暂行规定》和《上市公司办理配股申请和信息披露的具体规定》等规范措施，肯定了配股是公司发行新股的形式之一，明确规定了申请配股的公司必须在最近三年连续盈利、净资产收益率三年平均在 10% 以上，并规定配股的数量不得超过普通股总股本的 30%，当年深振业、深达声、深华发、青鸟天桥等 58 家上市公司实行了配股，融资总额为 48.41 亿元，其中飞乐音响、飞乐股份等 8 家公司已是 1993 年以来的第二次配股。

从 1995 年开始，配股市场发展速度加快，当年有 72 家上市公司配股融资 56.21 亿元，在数量和融资额上都比 1994 年有所提高。1996 年 1 月，证监会发布《关于 1996 年上市公司配股工作的通知》规定，规定公司在最近三年内净资产税后利润率每年都在 10% 以上方可配股，属于能源、原材料、基础设施类的公司可以略低，但不能低于 9%。

从 1998 年起，由于增发、可转债等再融资方式的相继出现，上市公司单一依赖配股融资的格局被打破，配股融资的融资额有所下降，但如前文所述，一直到2001年配股仍然是上市公司最主要的再融资渠道。其后至2000年的数年间，除1999年出现负增长以外，配股市场都保持上升的发展趋势。根据市场发展的实际，证监会在1999年3月17日发布的《关于上市公司配股工作有关问题的通知》中降低了对配股资格的要求，规定公司净资产收益率三年平均超过10%，同时任何一年最低不能低于6%。将1996年规定的上市公司"最近三个完整会计年度平均净资产收益率在10%以上，且每年不低于10%"的条件放松到"每年不低于6%"，这一措施收到了立竿见影的效果，2000年的配股市场扭转了1999年的下滑趋势，全年共有161家上市公司成功地实施了配股，共募集资金500.52亿元。

表1-2　　　　　　配股融资情况与配股政策变动对照　　　单位：亿元

时间	法律、法规、规章	财务指标要求	配股融资家数（家）	配股融资金额
1993年12月1日	《关于上市公司送配股的暂行规定》	连续两年盈利	62	73.82
1994年9月28日	《关于执行〈公司法〉规范上市公司配股的通知》	最近三年连续盈利，净资产收益率三年平均在10%以上	58	48.41
1994年9月28日	《上市公司办理配股申请和信息披露的具体规定》	同上	58	48.41
1996年1月24日	《关于1996年上市公司配股工作的通知》，条件严格	最近三年内净资产税后利润率每年都在10%以上	43	74.78
1999年3月17日	《关于上市公司配股工作有关问题的通知》，条件放松	公司净资产收益率三年平均超过10%，同时任何一年最低不能低于6%	113	258.27
2001年3月28日	《上市公司新股发行管理办法》，条件进一步放松	最近三个会计年度平均加权净资产收益率不低于6%	95	336.28
2006年5月8日	《上市公司证券发行管理办法》	最近三个会计年度连续盈利即可	3	11.06

资料来源：WIND资讯数据库。

2001 年 3 月，证监会又发布了《上市公司新股发行管理办法》，再次降低配股资格要求，规定连续三年盈利，最近三个会计年度平均加权净资产收益率不低于 6%，同时确定了现金配售原则，限制了大股东以劣质资产配股，进一步弱化了对配股行为的行政性管制。但是，由于公开增发这一新兴的再融资手段出现并被上市公司所偏好，配股作为股权再融资主要方式的地位开始受到挑战，而且配股行为的弊端不断暴露，市场投资者对其出现抵触情绪，所以，2001 年以后，配股市场出现了低迷的局面。2006 年，《上市公司证券发行管理办法》发布实施，配股的门槛被再次降低，要求仅为"最近三个会计年度连续盈利即可"，但由于定向增发出现、股权分置改革等诸多原因，当年只有 3 家公司进行了配股。

从前面的分析来看，上市公司配股的行为特征与配股政策紧密相连。1993—1996 年，上市公司配股规模逐渐缩减，且配股实施次数也在不断减少，主要原因在于当时证监会对上市公司配股资格的限制条件越来越严格；1997—2001 年，由于这一期间证监会放宽了对配股的限制，上市公司的配股规模迅速膨胀；2001 年后配股规模下降的原因则主要在于股市低迷和公开增发及定向增发新股的替代作用。虽然从主观上讲，监管部门设置各种监管措施的初衷是为了规范公司的行为，引导优质公司融资和提高资金使用效率，客观上却使公司为了获取再融资资格而刻意去迎合监管要求，丧失了自身对再融资方式进行选择的必要理性，可以看出，公司的行为与政府的监管措施是一个动态博弈的过程（原红旗，2002）。

第二节　公开增发

公开增发是上市公司在原有股本的基础上新增发行一定数量新股的行为。公开增发是指向包括原有股东在内的全体社会公众发售股票，在本质上与配股没有什么区别，但比配股更符合市场化原则。公开增发新股在中国证券市场上出现于 1998 年，当时的目的是为了支持纺织公司重组解困,纺织公司通过这种方式实现了脱困目标。因此,公开增发新股尽管在国外是一种普遍的再融资手段,但在中国从开始就带有政策倾斜的意味。

由于公开增发新股是面向新老股东,无形中改变了公司的股本结构,稀释了原来大股东所占的股权比重,所以公开增发新股的公司往往规定原有普通股股东可优先认购。证监会对公开增发方式融资规模的限制程度较小①,上市公司增发的数量一般也大于配股的数量,所以上市公司采取公开增发方式可以获得更多的资金。公开增发新股的价格也会有一定折扣,一般规定发行价格不低于公告招股意向书前 20 个交易日公司股票均价或前一个交易日的均价。

公开增发方式的优点在于限制条件较少,融资规模大,更能满足公司的融资要求,还能促进上市公司股权结构的多元化发展。此外,与配股相比,公开增发新股是采取市场定价,市场化程度较高,但增发新股存在的问题也比较明显,如增发价格没有限制,随着申购资金的增加,增发价格抬高会增加投资风险;增发规模限制程度较小,大规模增发会降低资金利用效率,引发市场大规模扩容,加大金融市场的风险等。

一 公开增发募集资金总额及公司数量变动

从公开增发募集资金的总额来看,1998—2007 年近十年间,总体呈上升趋势,1998 年的募集资金总额仅为 13.6 亿元,到 2007 年募集资金总额达到 664.25 亿元,十年时间增长超过 47 倍;其中,1998 年由于公开增发刚刚出现,上市公司仍然处在对于新生股权再融资方式的认知和接受阶段,1998 年和 1999 年使用公开增发方式募集资金的公司较少;从 2000 年开始,越来越多的公司使用公开增发方式融资,2000 年募集资金总额超过 100 亿元,一直持续至 2004 年,2005 年更是达到了 269.8 亿元,2006 年由于受到股权分置改革的影响,公开增发募资金额有所下降,但随后的 2007 年又迅猛增

---

① 证监会 2002 年 7 月《关于上市公司增发新股有关条件的通知》中规定:"增发新股募集资金量不超过公司上年度末经审计的净资产值。"

长。由于伴随股权分置改革的完成，定向增发也在同时间出现，从
2008 年开始直到 2014 年，公开增发募集资金总额始终呈下降趋势，
越来越少的公司进行公开增发；2010 年至今，每年进行公开增发的
公司数量不超过 10 家，2014 年只有 1 家公司进行公开增发，募资
3.65 亿元，总体上来看，公开增发公司募集资金总额少于配股公
司。从公开增发公司数量来看，1998—2014 年共有 185 家公司进行
公开增发，只有配股公司数量的 1/3 左右，仅为定向增发公司数量
的 1/10 左右，最多的 2007 年，全年也仅有 29 家公司进行了公开增
发，最近几年，由于公开增发门槛较高，公开增发难度加大，越来
越少的公司选择公开增发。

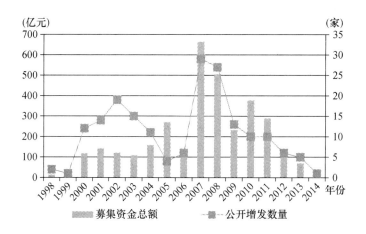

图 1 - 2 1998—2014 年公开增发募集资金总额及公司数量变动趋势

表 1 - 3 1998—2014 年公开增发募集资金总额、公司数量及占比

年份	募集资金总额（亿元）	占比（%）	公开增发数量（家）	占比（%）
1998	13.60	0.41	2	1.08
1999	14.16	0.43	1	0.54
2000	117.54	3.56	12	6.49
2001	141.81	4.29	14	7.57
2002	120.68	3.65	19	10.27
2003	108.29	3.28	15	8.11

续表

年份	募集资金总额（亿元）	占比（%）	公开增发数量（家）	占比（%）
2004	158.35	4.79	11	5.95
2005	269.80	8.17	4	2.16
2006	102.30	3.10	6	3.24
2007	664.25	20.11	29	15.68
2008	505.46	15.30	27	14.59
2009	231.91	7.02	13	7.03
2010	377.14	11.42	10	5.41
2011	288.79	8.74	10	5.41
2012	115.47	3.50	6	3.24
2013	70.16	2.12	5	2.70
2014	3.65	0.11	1	0.54
总计	3303.36	100	185	100

资料来源：WIND 资讯数据库（时间根据网上发行日期进行统计）。

二　公开增发政策变动

公开增发新股近十几年的发展，可谓在曲折中前进，监管部门不断出台有关公开增发融资的新规，而上市公司对监管政策亦步亦趋，可选择的空间和余地较小，不是根据自身需要进行公开增发再融资，而是紧跟政策脚步，政策一宽松就加紧增发而不管公司是否真正有好的投资项目和是否需要融资，表现出强烈的股权再融资偏好，政策变严时又会想尽办法达到公开增发资格，这大大降低了融资资金的使用效率和效益，这一点可以从表1-4的归纳中得以证实。

表1-4　　　　　公开增发融资情况与增发政策变动对照

时间	主要法律	财务指标要求	增发融资数量（家）	增发融资金额（亿元）
1998年	《公司法》和《股票发行与交易暂行条例》	无具体财务指标约束	2	13.6

续表

时间	主要法律	财务指标要求	增发融资数量(家)	增发融资金额(亿元)
2000 年 5 月	《上市公司向社会募集股份暂行办法》和《上市公司向社会公开募集股份操作指引（试行）》	无具体财务指标约束	12	117.54
2001 年 3 月	《上市公司新股发行管理办法》，提高增发门槛	无财务指标约束	14	141.81
2002 年 7 月	《关于上市公司增发新股有关条件的通知》，限制增发的规模	三年平均净资产收益率不低于 10%，且最近一年净资产收益率不低于 10%	19	120.68
2006 年 5 月	《上市公司证券发行管理办法》	最近三个会计年度加权平均净资产收益率平均不低于 6%	6	102.30
2008 年	《关于修改上市公司现金分红若干规定的决定》	提高拟增发公司的分红要求	27	505.46

资料来源：WIND 资讯数据库。

　　1998 年以前，配股是我国主要的股权再融资方式，1998 年公开增发开始出现，但这一时期公开增发新股的上市公司都带有极强的政策倾向，充分体现了当时中国证券市场为国有企业"解困"服务的思想。这一阶段募集资金的使用方向明确、效率高，实施增发和资产重组后上市公司业绩改善明显，市场没有出现明显的厌恶情绪。虽然整体市场表现良好，但增发方式没有大面积铺开，并且当时也没有具体法规对其进行规范，主要依据《公司法》和《股票发行与交易暂行条例》，这一阶段上市公司尚不具备增发选择的权利和余地。

　　1999 年 7 月颁布实施的《证券法》第二十条规定，上市公司发行新股，应当符合《公司法》有关发行新股的条件，既可以向社会公开募集，也可以向原有股东配售。该规定为公开增发提供了法律依据。1999—2000 年年初，上菱电器、深康佳、真空电子等效益较好的公司完成了公开增发，增发定价方法、发行方式均发生了变化，显示出一定的优化资源配置的功能，但市场开始对公开增发方式表现出明显的厌恶倾向，市场表现不如前期，其中 4 家上市公司跌破增发价格。其后随着证券市场的发展，公开增发真正开始作为股权再融资的一种形式出现在证券市场上，并由于公开增发的诸多好处和监管部门的松闸，许多上市公司纷纷"弃配改增"。

2000 年 5 月，证监会颁布了《上市公司向社会募集股份暂行办法》以及《上市公司向社会公开募集股份操作指引（试行）》等文件，充分肯定了公开增发的形式，对公开增发条件及发行方式等内容制定了指导性的标准，明确规定公开增发新股的具体条件包括有重大重组的公司、有核心技术的高成长型公司、兼有 A、B、H 股的公司以及股本结构不达标的公司，但没有业绩等财务指标约束，但具有主承销资格的有限的二三十家券商成了增发的"瓶颈"，上市公司增发需求没有被完全释放出来。

2001 年 3 月，《上市公司新股发行管理办法》（以下简称《办法》）出台，上述规定全部废止，公开增发的门槛有所提高，增加了业绩等财务指标的约束条件。同时，该《办法》将上市公司分红派息作为再融资时的重点关注事项，当年证监会发布的《中国证监会股票发行审核委员会关于上市公司新股发行审核工作的指导意见》中也提出应当关注公司上市以来最近三年的分红派息情况，特别是现金分红占可分配利润的比例以及董事会对于不分配所陈述的理由。因此，大多数上市公司为了能实现增发从 2001 年开始大范围地进行现金分红。另外，该《办法》中明确要求股东对上市公司再发行证券必须全部以货币资金认购。

从以上这些政策、规定的变化中可以看出，监管层已经将公开增发方式作为与配股方式同等重要的股权再融资方式看待，对上市公司而言，新的公开增发办法向所有上市公司打开了"公开增发"大门，并且募集资金的数量远高于配股方式，由此产生了"增发热"。这些情况说明，政策规定对上市公司的融资行为起着重要的导向作用，2001 年以后公开增发新股筹集的资金规模也开始赶上并且超过配股方式所筹集的资金规模。

证监会 2002 年 7 月发布《关于上市公司增发新股有关条件的通知》，提高了对公开增发公司财务指标的要求，同时对公开增发的规模进行了限制，规定"三年平均净资产收益率不低于 10%，且最近一年净资产收益率不低于 10%"的硬性标准。从 2002 年全年的公开增发规模来看，尽管增发家数较上一年有所增加，但是筹集资金的总额却少于 2001 年的水平，融资额为 120.68 亿元，政策作用显现。

2003 年全年公开增发所募集的资金仅为 108.29 亿元，较 2002 年和 2001 年有所下降，在接下来的 2004 年、2005 年，由于整个股票市场低迷，上市公司公开增发再融资的趋势有所缓和，2005 年随着股权分置改革的进行，再融资暂停。

2006 年 5 月 8 日颁布的《上市公司证券发行管理办法》取消了对公开增发规模的限制，同时允许上市公司以定向增发的方式筹集资金，定向增发很快成为一种流行的增发方式。2008 年证监会发布《关于修改上市公司现金分红若干规定的决定》，规定再融资公司最近三年以现金方式累计分配的利润不少于最近三年实现的年均可分配利润的 30%，提高了拟公开增发公司的分红要求。由以上分析来看，相关政策对上市公司公开增发行为的影响确实是立竿见影的。

回顾公开增发政策的变迁，总体来说，监管层公开增发政策的制定没能给予上市公司充分的自主权，但近年颁布的法规让人们看到了其中的改进，如 2006 年 5 月 8 日颁布的《上市公司证券发行管理办法》取消了上市公司两次发行新股融资间隔的限制，融资的时间安排由上市公司自主决定，这已经赋予了上市公司再融资更多的自主权。另外，发行人获得发行核准后，可在 6 个月内自行选择发行时机，不再适用流通股股东分类表决程序，发行证券议案经出席股东大会股东所持表决权 2/3 以上通过即可生效，这都表明再融资市场化运作机制正在逐步完善。但是，由于近年来，随着定向增发的迅猛发展，越来越少的公司选择公开增发再融资，所以关于公开增发的政策调整也较少。

第三节　定向增发

定向增发也叫非公开发行，即向特定投资者发行，实际上就是海外常见的私募。作为新《证券法》正式实施和股权分置改革结束后推出的一项新政，2006 年以后的定向增发与以前的定向增发相比，已经发生了质的变化。关于定向增发的规定条件较多，如发行对象不得超过 10 人，发行价格不低于定价基准日前 20 个交易日公司股票均价的 90%，发行股份 12 个月内（控股股东、实际控制人及其控制的企业认购的股份为 36 个月）不得转让，以及募资用途需符合国家产业政策、上市公司及其高管不得有违规行为等，但定向增发并无盈利要求，即使是亏损公司只要有人购买也可以发行。定向增发的模式大体包括资本运作类和项目融资类，前者包括公司间资产置换、集团公司整体上市、壳资源重组、融资收购其他资产、实际控制人资产注入等，后者主要指项目融资。其中，整体上市能够增厚上市公司的业绩，减少关联交易与同业竞争，增强公司业务与经营的透明度，减少控股股东与上市公司的利益冲突，有助于提升公司内在价值；实际控制人资产注入，指的是大股东通过注入优质资产改善公司业绩，进而能够提升公司持续发展潜力；项目融资通常用于公司特定项目所需资金。

定向增发与公开增发相比存在很多优势：

（1）定向增发门槛低、操作简便。根据《上市公司证券发行管理办法》，上市公司采取定向增发再融资没有财务上硬性的要求。门槛低，不需要履行刊登招股说明书、公开询价等程序，因此操作起来相对较简便。而如果采取公开增发，不但在财务指标上，要求上市公司最近三个会计年度加权平均净资产收益率平均不低于 6%，还需要先刊登招股说明书，然后聘请承销机构，公开询价等必要程序，不但承销费用是定向增发的一倍左右，而且操作时间上也要比定向增发长得多。

（2）定价方式灵活，更容易实施。公开增发的定价需要参考市价，按照《上市公司证券发行管理办法》规定，定向增发的增发价格应不低于定价基准日前 20 个交易日公司股票均价的 90%。而定向增发的定价基准日则可以是董事会决议公告日，也可以是股东大会决议公告日等。所以，采取定向增发的方式，可以采取更灵活的定价方式以合适的价格增发。这样大股东以及有实力的、风险承受能力较强的大投资人可以以接近市价，乃至超过市价的价格，为上市公司输送资金，尽量减小小股民的投资风险。

（3）定向增发审核程序简单。定向增发不会造成对股票市场的即期扩容，不会增加对二级市场的资金需求，也不会改变二级市场存量资金的格局，由于参与定向的最多 10 名投资人都有明确的 12 个月锁定期，给二级市场公司股价带来的压力较小。而且一般来说，敢于提出非公开增发计划并且已经被大投资人所接受的上市公司，通常会有较好的成长性。所以受到证监会的鼓励，也因此比较容易通过证监会的审批。

自 2006 年 5 月 8 日《上市公司证券发行管理办法》颁布以来，定向增发作为一种全新的股权再融资方式受到上市公司的欢迎，发展势头迅猛，无论是申请定向增发公司的数量还是募集资金的规模都远远超过此前的配股和公开增发。

一 定向增发募集资金总额及公司数量变动

2006—2014 年，定向增发募集资金总额及公司数量变动情况如图 1-3 和表 1-5 所示。

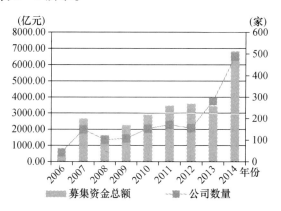

图 1-3 2006—2014 年定向增发募集资金总额及公司数量变动趋势

表 1 - 5　2006—2014 年定向增发募集资金总额、公司数量及占比

年份	募集资金总额（亿元）	占比（％）	公司数量（家）	占比（％）
2006	369.81	1.36	43	1.36
2007	2654.99	9.79	149	9.79
2008	1635.49	6.03	101	6.03
2009	2253.01	8.31	108	8.31
2010	2881.67	10.63	153	10.63
2011	3464.83	12.78	171	12.78
2012	3582.64	13.21	155	13.21
2013	3440.18	12.69	281	12.69
2014	6828.87	25.19	488	25.19
总计	27111.49	100.00	1649	100.00

资料来源：WIND 资讯数据库（时间根据发行日期统计）。

2006 年 5 月 8 日《上市公司证券发行管理办法》出台后，定向增发呈井喷式增长，2006—2014 年募集资金总额达到 2.7 万亿元，分别将近是 1998—2014 年配股募集资金和公开增发募集资金的 7 倍和 9 倍。可见，定向增发募集资金数额之大。2006 年当年募集资金总额较少，仅为 369.81 亿元，随后 2007 年迅猛发展，募集资金总额达到 2654.99 亿元，之后一直到 2014 年，持续上升，2014 年更是达到了 6828.87 亿元，募资占 25% 以上；从募集资金家数来看，2006—2014 年有 1649 家公司进行定向增发，其中，2006 年只有 43 家公司进行定向增发，占 1.36%，随后申请并成功实施定向增发的公司越来越多，平均每年都在 100 家以上，2013 年和 2014 年更是多达 281 家和 488 家公司成功实施定向增发，两年的公司数量占比接近 40%。可见，无论从募集资金总额上还是从定向增发公司家数上，定向增发都已经远远超过前两种股权再融资的方式。

二　定向增发基本流程

定向增发的基本流程可以分为筹备阶段、审核阶段和发行阶段，具体来看，在筹备阶段，公司主要是设计定向增发的方案，并进行募集资金投向的可行性分析；在审核阶段，公司要召开董事会，公告定向增发的预案，并提议召开股东大会，股东大会决议并公告定

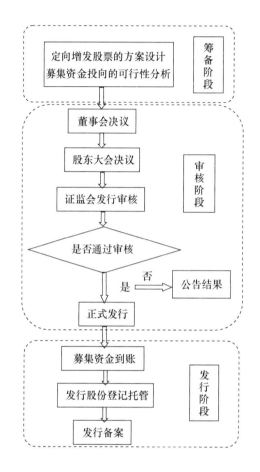

图 1-4 定向增发基本流程

向增发方案，然后将正式材料报送证监会审核，定向增发申请如果
经过证监会发审会审核通过，则公司需要将核准文件进行公告，在
证监会核准 6 个月内完成定向增发，如果没有通过证监会的审核，
也要公告审核结果；在发行阶段，上市公司需要召开董事会审议定
向增发的具体内容并进行公告，执行定向增发方案，募集资金到账
后进行股份托管及发行备案。

三 定向增发政策变动

定向增发这种在全流通背景下借鉴境外市场经验引入的新证券
发行制度，正在被越来越多上市公司所采用，逐渐发展成为上市公

司再融资的主要方式，得到了广泛的应用。回顾定向增发政策的发展，可以分为四个阶段：

（一）萌芽阶段

我国上市公司定向增发股票在股权分置改革前已有尝试，其发行对象主要是控股股东，控股股东以资产认购公司所发行的股份，非公开发行与公开增发结合在一起。此时的定向增发是为了解决一些特定问题所做的政策性安排，政策色彩严重，不是规范的市场行为，定向增发的应用不是作为一种融资手段，更多的是作为一种并购支付手段，这个阶段的定向增发要经监管部门的特批，范围很小，没有普遍推广。

（二）探索阶段

2005 年 10 月 27 日通过的新《公司法》和《证券法》对证券发行方式做出了界定，明确定义了何为公开发行，这为随后非公开发行制度的推出做好了法律上的准备。虽然仍没有法律对上市公司的非公开发行做出明确界定，但是我国的证券发行市场实质上已经结束了单一依靠证券公开发行进行融资的局面，进入了证券非公开发行制度框架的确立和制度探索修正完善的新阶段。

（三）迅速发展阶段

随着股权分置改革的进行，定向增发也有了新的发展，定向增发不再仅仅是一种政策性安排，而是发展成为上市公司自主的市场行为。2006 年 3 月 16 日，证监会印发的《上市公司章程指引》（2006 年修订）第二十一条首次将上市公司再融资以公开发行和非公开发行（定向增发）的方式并列进行表述，但是没有对非公开发行具体的操作方式做出说明。

2006 年 5 月 8 日，《上市公司证券发行管理办法》颁布并实施，此次公布的管理办法第一次将非公开发行股票纳入规章，对定向增发从法律上予以规范，使上市公司的定向增发操作有了明确依据。定向增发不再是个别公司的"特权"，而成为所有符合制度规定的上市公司直接融资的一种方式和渠道，在股权分置时代，定向增发的公司寥寥无几，而在股权分置改革和 2006 年暂停了将近一年的再融资重新启动的背景下，定向增发成为上市公司再融资的首选方式，市场上掀起了一阵定向增发的热潮。

（四）逐步完善阶段

2007 年 9 月 17 日，证监会公布《上市公司非公开发行股票实施细则》，针对此前定向增发实践中出现的投机性炒作和利用内幕信息获取非法收益等问题做出了更加明确和详细的规定，进一步完善了我国的定向增发制度。细则主要细化规范了非公开发行的定价机制、非公开发行董事会及股东大会的决策事项和决策程序、非公开发行过程中的信息披露等问题。从此定向增发进入了更加规范、更加理性的发展阶段，在这一阶段中，又有 100 多家上市公司完成了定向增发，募集资金超过 1500 亿元。

2015 年 10 月，证监会又发布了关于定向增发的窗口指导意见，包括：①长期停牌要求复牌后交易至少 20 个交易日再确定发行基准日和底价；②董事会阶段确定投资者，投资者涉及资管计划、理财产品等，在公告预案时即要求穿透披露至最终出资人，所有出资人合计不能超 200 人；③募集资金规模最好不超过最近一期净资产；④发行对象，包括最终持有人，在预案披露后，不得变更等。可见，关于定向增发的监管政策也在不断完善之中。

近年来，定向增发出现了两个新的趋势：第一，定向增发已经从主要的股权再融资方式转变为全新的并购方式，成为资本运作的主要手段；具体表现为上市公司利用定向增发实现资产置换、集团公司整体上市、壳资源重组或者资产收购等行为，2014—2015 年，资本运作类定向增发占比均超过 60%。第二，越来越多的中小板、创业板及新三板上市公司申请定向增发，定向增发开始向中小板和新兴产业扩展。2012—2015 年，中小板和创业板成功实施定向增发公司的数量呈翻倍式增长，募集资金总额也占定向增发募资总额的 20% 以上。

第二章 定向增发文献梳理

从前面第一章关于中国上市公司股权再融资现状的分析来看，定向增发已经成为主要的股权再融资方式，因此本书重点研究定向增发的问题，在文献的梳理过程中，主要回顾国内外关于定向增发的研究现状及动态。

第一节 国外研究回顾

定向增发在国外出现得较早，因此相应的理论研究也较早，国外学者关于定向增发的研究可以归纳为三条线，分别是关于定向增发折价、公告效应及定向增发后的业绩表现的研究。

一 定向增发折价研究

定向增发在国外也被称为私募，西尔伯（Silber，1991）研究美国私募发行时发现公司必须折扣超过30%才能成功出售带锁定期的股票，他指出发行折价的比例会随着私募规模进行调整，西尔伯解释说这种发行折扣是发行公司给予认购者的补偿——因为认购的股票不能立刻上市流通。随后，学者也提出，定向增发中的折价是对投资者信息成本的补偿或是承担风险的补偿，如赫策尔和史密斯（Hertzel and Smith，1993）认为，定向增发的折价反映了公司对投资者的信息补偿，安德森、罗斯和卡恩（Anderson，Rose and Cahan，2006）认为，定向增发的折价是对投资者承担风险的补偿。

二 定向增发公告效应研究

关于定向增发公告效应的研究具有代表性的是鲁克（Wruck，

1989），他研究了美国 1979—1985 年间的上市公司定向增发的公告
效应，发现与公开增发相反，定向增发存在着正的公告效应（定向
增发的超额收益率为 4.5%，而公开增发为 -3%），定向增发能够
增加股东财富和公司价值。笔者认为，这种正公告效应的存在是由
于定向增发向市场传递了公司股权集中度增加的信号，而股权集中
度的增加使股东与公司管理者的利益更加一致，股东有动机和能力
去监督公司管理者（监管假说），从而能够减轻代理问题，提升公
司的价值，市场对这一信号给予了正向反应。

随后，赫策尔和史密斯（1993）研究定向增发中的发行折扣和
股东收益问题，赫策尔和史密斯也发现定向增发存在正公告效应，
他们认为，这是由于定向增发传递了关于公司价值的良好预期，传
达了目前公司价值被低估的信号，从而引起市场的正向反应。公司
信息不对称程度较高时，更愿意向特定投资者定向增发，特定投资
者可以利用自身的信息优势发现公司真实价值，而定向增发的折价
是给予特定投资者信息收集成本的补偿（鉴证效应）。同时，他们
认为，定向增发可以解决 Myers 和 Majluf（1984）提出的投资不足
问题。

赫策尔、莱蒙(Lemmon)、林克(Linck)和里斯(Rees)(2002)研
究发现定向增发能够带来正超额收益，存在正公告效应，但定向增
发后的股票价格表现不佳，这与反应不足假设相悖，他们认为，定
向增发时投资者过于乐观，导致定向增发后的短期和长期业绩表现
均不佳。

布鲁斯和格雷厄姆（Brooks and Graham，2005）认为，定向增
发能够给公司带来财富增值，并且他们还证实了小公司以及业绩表
现好的公司定向增发的超额收益更大。

但是，也有学者研究美国以外的市场，得出了不一样的结论，
比如，Ruth、Chang 和 Tong（2002）分别研究了新加坡公司公开增
发、配股和定向增发的问题，他们发现新加坡公司公开增发能够获
得正的公告效应，价格压力假说并不适用于新加坡，配股也存在正
公告效应，而且对公司未来的盈余预测持乐观态度时，正公告效应

更大，他们发现，定向增发的异常收益与增发价格呈正相关，增发价格越大，表明公司价值越大，从而异常收益越高，同时他们还发现，发行规模越大，定向增发价格越高。

安德森、罗斯和卡恩（2006）研究新西兰公司的定向增发问题，他们发现，定向增发的价格与增发公告效应之间存在显著的正向关系，发行价格能够传达关于公司质量和价值的信息，折价发行会导致负的异常收益，他们认为，定向增发的折价是对投资者承担风险的补偿。

Liang 和 Jang（2013）将定向增发折价与公告效应结合进行研究，他们的研究特色在于将样本进行分类，即分成交易所交易公司和场外交易公司，他们发现，场外交易公司定向增发的折价反映了投资者对评估公司的补偿，异常收益反映有关公司价值的信息；但是，对于交易所交易的公司研究结论支持信息假说和监督假说，两类公司定向增发存在不同的动机，他们的研究思路也为我们提供了借鉴，即当对样本进行分组研究后可能得出与全样本不同的研究结论。

三　定向增发后的业绩表现研究

定向增发的业绩主要指长期业绩表现，前期文献关于定向增发长期业绩表现的研究并不多，但是，对于股权再融资（SEO），即配股和公开增发长期业绩表现的文献较为丰富，研究结论是：SEO 后长期市场业绩和经营业绩都下降。具有代表性的是 Loughran 和 Ritter（1995）、Loughran 和 Ritter（1997）的开创性研究，随后 Spiess 和 Affleck – Graves（1995），McLaughlin、Safieddine 和 Vasudevan（1996），Soucik 和 Allen（1998），Kang、Kim 和 Stulz（1999），皮埃尔（Pierre，2000），Andrikopoulos（2009）等都对此进行了研究，尽管受到国别、数据及样本选择、研究方法等影响具体研究结果显示出差异性，但是，基本都得出了股权再融资之后长期业绩表现不佳的结论，学者们基于机会之窗、盈余管理、信号传递、自由现金流等理论和假说分别对此进行解释。

2000 年以后，越来越多的学者专门针对定向增发长期业绩表现展开研究，但是结论尚不一致，有的学者认为，定向增发后长期来看可以提升公司价值，如福尔塔和詹尼（Folta and Janney，2004）以高科技公司为样本研究定向增发中高科技公司的战略性收益，他们认为，公司通过定向增发可以获得包括资本、研究伙伴以及商业伙伴在内的各种资源，从长期来看，定向增发能够给公司带来收益，并且能够降低信息不对称所导致的风险。鲁克和 Wu（2009）研究了定向增发中的投资者、发行人、公司治理以及公司业绩，他们发现，很多投资者在定向增发前就与公司存在关系，定向增发又会形成许多新的关系，如进入公司董事会或与公司成为商业伙伴。他们认为，这种新型关系的形成会导致定向增发的正公告效应，而且新型关系也与定向增发后长期业绩和股票价格表现有关，即使面临更加严格的监督和管制，定向增发仍然可以为公司创造价值。

但是，也有学者认为，定向增发后长期业绩存在下滑。如 Dalia 和 Raj（2007）以美国 1980—1998 年间机构投资者定向增发可转债的公司为样本进行研究，发现定向增发后的股票收益率和经营业绩均出现显著下滑现象，他们的研究支持了"机会之窗"假说，即公司会选择在其证券价格被高估时发行证券，但他们也发现，机构投资者没能起到缓解信息不对称、监督公司等作用，仍然属于被动的投资者。Chen 等（2010）研究表明，上市公司在定向增发前一个季度存在调高盈余的情况，而这是导致定向增发后公司股票业绩和长期经营业绩下滑的重要原因。

除此之外，也有学者研究定向增发的大股东利益输送问题，如 Baek、Kang 和 Lee（2006）研究韩国财团定向增发中的大股东利益输送问题，他们发现，财团会参与到定向增发的内部交易中，从而使得控股股东获益，存在"隧道"挖掘行为。他们还发现，财团与其他类型发行人相比，在定向增发中能够获得更高的超额收益率。也有学者研究定向增发的政策问题，如梅恩斯和潘德斯（Maynes and Pandes）研究了定向增发政策变动的影响，梅恩斯和潘德斯（2011）针对美国证券交易委员会缩减定向增发股票锁定期的问题（从 12 个月缩减为 6 个月）进行研究，他们发现，锁定期的缩短导致定向增发价格折扣降低，但这一改变对超额收益率影响不大，锁定期缩减后，小公司以及信息不对称程度较大的公司不太愿意进行定向增发。

第二节　国内研究回顾

由于 2006 年 5 月 8 日颁布的《上市公司证券发行管理办法》中明确规定，"上市公司可以采用非公开方式，向特定对象发行股票"，因此定向增发 2006 年 5 月以后才大量出现，相比于公开增发和配股出现得较晚，因此相关研究也都是近几年的文献，目前国内关于定向增发的研究也可以概括为三条线，但与国外不同，第一条线为定向增发中大股东掏空行为，第二条线为定向增发后的业绩表现，第三条线为定向增发扩展研究。

一　定向增发中大股东的掏空行为

国外成熟资本市场，由于公司治理相对完善，中小股东利益保护机制比较健全，大股东攫取上市公司利益的情形少有发生，但是在我国，由于各项制度尚不完善，大股东存在掏空上市公司的动机和能力，因此，在研究定向增发问题时，要将与大股东相关的问题考虑其中。我国上市公司的定向增发类型较多，包括整体上市类、资产注入类和项目融资类，而且都存在大股东参与认购和大股东不参与认购的情形，在这样的背景下，结合我国上市公司定向增发的实际情况进行研究尤为必要。目前这一条线形成两种观点：一部分学者认为，定向增发中存在大股东掏空行为，如朱红军、何贤杰和陈信元（2008）通过单一案例研究的形式发现，上市公司利用操纵盈余、注入不良资产或增发后高额分红等方式从上市公司攫取利益，极大地损害了中小股东的利益，他们认为，这主要是由于定向增发监管制度尚不完善，大股东在增发过程中存在机会主义行为，缺乏对大股东的制度约束，定向增发没能实现大小股东之间的利益协同。张鸣、郭思永（2009）的研究证实了大股东通过定向增发转移上市公司财富，他们认为，大股东机会主义行为时影响定向增发的重要因素，而且转移财富的程度取决于大股东的认购比例和增发的折价水平，而且他们还发现，大股东不同的认购方式带来不同的市场反应。徐寿福（2009）也从定向增发折价的视角研究大股东利益输送问题，他发现，大股东参与的定向增发折扣率更高，并且大股东认购比例越高以及大股东认购比例与原持股比例的差额越大，定向增发的折扣率越高。他在文中利用大股东成本收益以及大小股东利益分离程度的观点对此进行解释。章卫东（2010）研究证实了上市公司会在定向增发前通过盈余管理的方式向大股东输送利益，当增发类型为向控股股东收购资产型时，上市公司会进行负向盈余管理，以降低新股发行价格，使控股股东以同样资产换取更多股份，而当增发类型为面向机构投资者融资时，上市公司会进行正向盈余管理，以抬高新股发行价格，募集更多的资金使大股东财富增值，盈余管理程度与大股东持股比例呈正相关，这种盈余管理也使得定向增发后公司股票价格下跌。王志强等（2010）也认为，在定向增发中，上市公司向大股东输送利益，定向增发存在"寻租"行为，他们的研究将样本按照发行对象、大股东认购比例、盈利能力进行分组，研究结果显示，仅针对大股东和关联方的发行组，增发折价最大；大股东认购比例越高发行折价越大，这一研究结论与徐寿福（2009）相同，但他们没有发现盈利能力与增发折价的关系。赵玉芳等（2011）通过大样本研究证实了上市公司定向增发后通过现金分红方式攫取利益，损害中小股东利益，同时他们还发现定向增发当年的现金股利发放尤为多，也说明大股东通过定向增发向自身输送利益的时机选择和迫切程度，他们提示这应当引起监管层的重视。

但是，也有学者对此持反对观点，他们认为，定向增发中不存在大股东掏空行为，如徐斌、俞静（2010）认为，定向增发折价不存在大股东利益输送行为，他们研究投资者情绪和大股东利益输送对定向增发折价的影响，发现投资者情绪乐观时二级市场股价偏高，使得定向增发折价程度更大，所以得出定向增发的折价只是受到投资者情绪影响的结论，与他们研究结论相似的还有卢闯等

（2011）也发现投资者情绪影响定向增发折价。邓路、王化成（2011）通过研究定向增发后的经营业绩，发现大股东以资产认购和以现金认购相比，前者在增发后的经营业绩更好。他们认为，大股东通过注入优质资产改善了上市公司的业绩，而否定了大股东在定向增发过程中掏空上市公司利益的行为存在。

二　定向增发后的业绩表现

这条线又可以分为两个方面，即短期业绩表现和长期业绩表现，短期业绩表现也就是定向增发的公告效应，由于国内关于定向增发长期业绩表现研究的文献较少，所以本书将公告效应和长期业绩表现合并梳理。

关于公告效应的研究，章卫东（2007）发现，定向增发新股会获得正的财富效应，在（-20，5）、（-10，5）、（-5，5）的三个时间窗口内，定向增发累计超额收益率均值分别为11.87%、8.592%和7.199%，显著高于公开增发在对应三个窗口内的累计超额收益率。文中同时进行了定向增发的类型区分，整体上市类定向增发的公告效应要好于其他类型定向增发的公告效应；徐寿福（2010）研究也发现我国上市公司存在正的定向增发公告效应，在（-5，-1）的窗口内平均累计超额收益率达到7.6%，多元回归分析显示，监督效应假说和信息不对称理论可以对此进行解释。而徐文武等（2012）发现定向增发公告效应在牛、熊市存在不同的表现。牛市中，只有定向增发公告当天存在显著正公告效应，公告前后均不存在，但熊市中，从公告日前两天一直到公告后第10天都存在正向公告效应，他们用投资者情绪理论对此进行了解释。关于长期业绩表现，有的学者研究发现，定向增发后长期业绩上升，如毕金玲（2010）采用两种业绩对照基准，考察定向增发后的长期收益率，发现无论是经行业和规模调整的长期收益率，还是经市场调整的长期收益率，均出现上升趋势；邓路等（2011）使用购买持有超额收益和日历时间组合两种方法计算定向增发后的长期超额收益，发现上市公司定向增发后可以获得长期正的超额收益，并且经营业绩表现也好于配比公司。但耿建新等（2011）发现上市公司定向增发的长期业绩表现出显著下滑，无论是回报率还是经营业绩均恶化，他们认为，可能的原因是公司未能实现预期的盈利目标。徐寿福等（2011）发现，上市公司在定向增发前经营业绩呈上升趋势，而定向增发后经营业绩出现下滑趋势，他们用盈余管理假说、自由现金流假说和认购对象类别效应对此进行解释。可见，我国上市公司定向增发后的长期业绩表现尚存在争论。

三 定向增发的扩展研究

此脉络的研究内容主要是近几年出现的，基本思想是将大家关注比较多的热点研究引入定向增发当中，如邓路等（2013）研究投资者异质信念对于定向增发的影响，他们发现，投资者异质信念能够影响定向增发的方式和规模，投资者异质信念越大，上市公司越倾向于机构投资者增发，并且投资者异质信念与增发规模呈负相关，如果大股东参与定向增发，投资者异质信念会影响大股东的认购方式。沈艺峰等（2013）研究网络舆论对定向增发的影响，他们发现，网络负面舆论越强烈的公司其定向增发预案公告后的负效应越大，增发实施后的公司业绩表现越差，而且负面舆论会显著影响监管层对定向增发的审核，这说明在中小投资者正式保护机制欠缺的情况下，他们寻求非正式的（如网络等）外在的保护方式和渠道，这从一定程度上拓展了定向增发问题的研究。严武等（2014）将定向增发与产业升级结合进行研究，他们将样本按地区和产业进行分类，同时考虑了不同控制权的影响，发现不同产权性质的上市公司定向增发时在不同地区，针对不同产业有不同的表现，他们首次在定向增发问题中谈到控制权性质的差异，但论文的侧重点在于分析产业升级效应。

通过国内外的文献梳理可以发现，国外研究基本立足于国外资本市场和上市公司特征而展开，国内外定向增发的研究有共性也有各自特点，如都关注定向增发公告效应和业绩表现的研究，这说明对于国内外上市公司而言，定向增发的最终目的都是提升公司价值，均离不开这一永恒的主题。另外，都关注定向增发的折价问题，但由于监管、市场环境及公司治理结构的不同、内在机理分析的侧重点不同，国内更多关注大股东掏空，而国外这方面研究较少，目前来看，立足于我国经济转型以及资本市场改革的实际去探讨定向增发问题显得更有意义。本书不同于以往文献的创新之处主要体现在以下几个方面：

（1）前期文献在研究定向增发时只孤立地研究某一方面的内容，实际上定向增发作为企业的一种行为，其涉及事前、事中、事后等各个环节，而全过程的研究更有利于把握问题的整体，本书不仅研究定向增发后的业绩表现，而且还研究定向增发前的公司行为，试图从全方位去观察和了解定向增发，旨在有利于未来监管层监管政策的调整及上市公司定向增发的选择。

（2）在关于定向增发后的业绩表现中，不局限于研究其公告效应和经营业绩表现，而是引入"投资效率"，研究定向增发公司的投资效率表现。另外，由于不同产权性质的公司在组织结构、公司治理、融资约束、投资效率等方面均存在差异，产权性质对于股权融资的影响是值得研究的问题，因此，本书在研究定向增发效率表现时将产权性质引入研究当中；关注国有上市公司和非国有上市公司是否有不同表现。

（3）前期很多文献特别是研究定向增发公司业绩的文献，谈到不足之处都提到"受限于时间，未能进行更长期的观测"，通过查阅发现大部分文献研究的样本期间都在2006—2009年，而目前时间优势为我们的研究提供了良好的契机，本书进行了更长期的业绩观测。

第三章　定向增发与盈余管理

如第一章所述，2006 年 5 月 8 日，证监会发布《上市公司证券发行管理办法》，其中明确规定"上市公司发行证券，可以向不特定对象公开发行，也可以向特定对象非公开发行"，由于向不特定对象公开发行的行为被称为"公开增发"，与之相对应的，向特定对象非公开发行的行为被学者称为"定向增发"。股权分置改革后推出的定向增发被赋予诸多优势，如发行成本低、方式简单、无业绩指标门槛等，一经推出，立刻受到上市公司的欢迎。根据 WIND 资讯数据库统计，2007—2014 年，共有 1240 家公司成功实施股权再融资，募集资金总额为 21591.34 亿元，其中有 1047 家公司采用定向增发，占比接近 85%，募集资金总额为 16324.12 亿元，占比超过 75%；而同期采用公开增发和配股方式进行再融资的公司数量合计约占 15%，募集资金总额合计约占 25%，可见，定向增发已经成为股权分置改革后上市公司的主要再融资方式。在定向增发全面发展以前，中国上市公司最主要的股权再融资方式是公开增发和配股，由于当时的监管政策设定了股权再融资门槛①，学者研究最多的问题是"上市公司是否会操纵盈余以获取股权再融资资格？"但自定向增发开始以来，监管层对于定向增发公司并没有设置业绩指

---

① 如 2001 年《上市公司新股发行管理办法》对配股公司的业绩指标要求是最近三个会计年度加权平均净资产收益率不低于 6%；2002 年《关于上市公司增发新股有关条件的通知》对公开增发公司的业绩指标要求是三年平均净资产收益率不低于 10%，且最后一年不低于 10%，2006 年《上市公司证券发行管理办法》对再融资公司业绩指标要求进行了调整，配股公司只要求盈利即可，公开增发业绩指标要求改为最近三个会计年度加权平均净资产收益率不低于 6%。

标的规定，理论上讲即使是亏损的公司仍然可以申请定向增发，在这种背景下定向增发公司会进行盈余管理吗？如果定向增发仍然存在操纵盈余的问题，那么其动机何在？这方面的文献较少，第三章中本书将全面分析定向增发前的盈余管理问题，不仅能够回答"上市公司定向增发前是否进行盈余管理"的问题，而且对盈余管理的具体方式和手段进行分析。

第一节 理论分析与假设提出

一 理论分析

国外研究再融资公司盈余管理较有代表性的学者包括 Rangan（1998）、Teoh 等（1998）、Shivakumar（2000）、Chen 和 Yuan（2004）等。其中，Rangan（1998）以 1987—1990 年美国公开增发（Seasoned Equity Offerings，SEO）公司为样本进行研究，发现在 SEO 前上市公司会进行正向盈余管理，应计项目在 SEO 当季及前一个季度都显著为正，他认为，SEO 前的正向盈余管理是为抬高股票价格，为股票发行创造有利时机，而这样做的结果会使得公司股价和经营业绩在 SEO 后三年都显著下滑。与 Rangan（1998）的研究结论相似，Teoh 等（1998）也发现公司 SEO 前进行盈余管理，提升报告盈余从而抬高股票发行价格，而且他还发现，再融资后的股票收益率和盈余下降程度越大的公司比再融资前的应计盈余操控程度更严重。Shivakumar（2000）的研究同样证实 SEO 前进行了盈余管理，但他认为，上市公司的这种盈余管理行为不会误导投资者，只是发行人对于公告时预期市场行为的理性反应。因为发行公司很难向市场传达其没有进行盈余管理的信号，结果是即使没有进行盈余管理，投资者也要求股票折价，由于存在这种市场行为，所以发行人宁愿进行盈余管理。Soon Suk Yoon 和 Gary Miller（2002）研究韩国上市公司 SEO 时的盈余管理问题，得出结论认为，韩国上市公司在 SEO 前后都会操控经营业绩，但 SEO 前后的经营现金流量没有太大变化，他们的回归分析结果表明，如果 SEO 公司在之前业绩较差或者发行融资规模较大，更容易进行盈余管理。Chen 和 Yuan（2004）以中国上市公司为例研究发现，由于 1996—1998 年，上市公司配股的条件是"近三年净资产收益率大于 10%"，因此很多公司为了达到配股资格线，存在操控应计利润的情况。Zhou 和 Elder（2004）研究股权再融资公司盈余管理和审计质量，发现 SEO 前后的盈余管理程度和审计质量有关。Jo、Kim 和 Park（2007）研究承销商选择对于 SEO 公司盈余管理的影响，发现上市公司 SEO 时，其盈余管理的动机越强烈，就越会选择低质量的承销商以避开严厉的监督，但承销商质量与 SEO 后的业绩呈正相关关系。Taylor 和 Xu（2010）研究真实的盈余操控与公司业绩下滑，研究表明，真实盈余操控并没有导致随后的公司经营业绩下滑。与 Taylor 和 Xu（2010）的结论不同，Cohen 和 Zarowin（2010）对美国 1987—2006 年 1511 家股权再融资公司进行研究，发现在股权再融资当年公司同时存在应计利润操控和真实活动操控的盈余管理行为，目的是提高市场的估值，而且真实活动操控所导致的股权再融资后的业绩下滑程度比应计利润操控更加严重。

与国外文献类似，国内关于股权再融资与盈余管理的研究主要集中在配股与公开增发方式上，如孙铮（1999）发现上市公司会通过盈余管理将净资产收益率（ROE）"做到"略高于 6%，维持在 6%—10% 的区间内，而且还发现，上市公司的盈余管理会随着再融资监管政策的调整而调整。他们认为，是监管政策的不合理诱发了盈余操纵的问题。陈小悦等（2000）研究发现上市公司为了达到监管层的"配股资格线"而调整其盈余，操纵利润。王跃堂（2000）发现处在配股区间的上市公司明显没有计提短期投资减值准备、存货减值准备和长期投资减值准备。雷光勇、刘慧龙（2006）以 1999 年成功实施配股的 A 股公司为样本，发现控股股东持股比例越大、筹资规模越大、资金储备压力越大，则配股公司正向盈余管理程度越大，但当控股股东的性质为国有时，其盈余操控的程度相对较小。李增福、郑友环、连玉君（2011）研究发现在股权再融资当年及前一年，上市公司会同时进行应计制和真实活动盈余管理做大利润，而这样做大的目的，一方面是达到监管层设定的再融资业绩指标；另一方面是吸引投资者，提高股票的发行价格；但是这种盈余管理行为会导致再融资后公司的业绩下滑。进一步的研究还发现，应计盈余管理会导致公司短期业绩下滑，真实盈余管理因为破坏公司的经营活动，会导致公司长期业绩下滑。王克敏、刘博（2012）在研究公开增发的盈余管理问题时发现，公司在公开增发前会运用应计利润操控进行正向盈余管理，但是，随着监管层业绩门槛的提高，公司盈余管理减少，也就是说，公开增发处于较高业绩门槛时，实施公开增发的公司盈余质量更好。

　　近几年来，也有学者开始研究定向增发的盈余管理问题，其中，章卫东（2010）研究证实上市公司会在定向增发前进行应计活动的盈余管理，而且增发的对象不同其盈余管理的方向也不同，这种盈余管理也使得定向增发后公司股票价格下跌。李增福、黄华林、连玉君（2012）也研究了定向增发公司的盈余管理问题，他们基于应计项目盈余管理和真实活动盈余管理两种模式进行研究，结论显示，定向增发公司会同时采用两种盈余管理方式，并且应计项目盈余管理会导致公司短期业绩下滑，而真实活动盈余管理会导致公司长期业绩下滑，这与他们之前研究公开增发盈余管理时得出来的结论一致。梳理现有关于定向增发公司盈余管理的文献，笔者认为，仍有不完善之处：

　　第一，虽然章卫东（2010）、李增福等（2012）都对此进行了研究，但是章卫东（2010）的文章并没有区分是应计活动盈余操控还是真实活动盈余操控，而根据 Cohen 和 Zarowin（2010）的观点，应计盈余管理不影响公司现金流，而真实盈余管理影响公司现金流，会偏离公司正常的经营活动，并且不易被识别，在研究股权再融资与盈余管理问题时，将二者进行区分非常必要。另外，虽然李增福等（2012）的研究同时考虑应计活动盈余操控和真实活动操控，弥补了不足，但是李增福等（2012）的研究并没有区分定向增发对象，而大量的研究表明，控股股东是否参与定向增发有很大的不同，因此本书试图将二者结合，以弥补各自的缺陷。

第二，在研究方法方面，我们采用倾向得分匹配方法（Prosperity Score Matching，PSM），该方法能够克服定向增发与盈余管理之间的内生性问题，这也是本书在方法方面对前期文献的进一步拓展。

二　假设提出

从配股和公开增发盈余管理的相关文献来看，公司操控应计利润，提升报告期盈余的主要目的是获得再融资资格或者提高股票发行价格，以募集更多的资金。但是，从定向增发来看，监管层并没有设置盈利要求，上市公司应该不存在为获取再融资资格而进行盈余管理的动机，但是，中国上市公司的定向增发是由控股股东主导或参与的融资行为，而控股股东与小股东的利益冲突是目前我国公司治理的主要问题，控股股东在定向增发过程中存在为自己谋利的动机，La Potra（1999）和 La Potra 等（2002）的研究都证实，控股股东会广泛利用各种手段侵占中小股东的利益，因此，控股股东在定向增发时有动机利用盈余管理的方式获取私人收益。

按照定向增发对象的不同，主要可以分为两种类型：一是面向控股股东的定向增发；二是面向非控股股东（机构投资者或个人投资者）的定向增发；前者是控股股东直接参与认购定向增发的股份，通常情况下是上市公司收购控股股东资产，此时定向增发价格越低，则控股股东以同样多的资产换取的股份就越多，将原本不能流通的资产换成预期可以流通的股份（控股股东认购定向增发股份存在三年的锁定期），换取的股份越多，未来价值增加得就越多，因此，控股股东存在压低定向增发股票价格的动机，上市公司会在定向增发前进行负向盈余管理；后者，当定向增发是面向非控股股东时，控股股东同样希望自身能够获取利益，而此时定向增发的价格越高，上市公司募集的资金就越多，每股净资产增值就越大，这会使公司股票价格提升，控股股东的财富因此也会增值，在这种情况下，控股股东存在提高定向增发股价的动机，上市公司会进行正向盈余管理。不难看出，无论是哪一种形式的盈余管理，其最终目的都是向控股股东进行利益输送。

另外，由于会计准则的不断完善及审计人员自身素质的提高，应计利润操控的盈余管理活动更容易被识别，因此操作的空间越来越小；相反，真实活动操控的盈余管理由于是通过改变销售、生产及费用等来实现，不太容易被识别，上市公司将会采用真实活动操控管理盈余，因此，本书提出假设 H1。

H1：上市公司定向增发前会进行盈余管理进而调整定向增发价格，如果上市公司面向控股股东定向增发，则会进行负向盈余管理，如果是面向非控股股东定向增发，则会进行正向盈余管理，而且上市公司会同时采用应计项目操控和真实活动操控两种方式进行盈余管理。

上市公司再融资之前的盈余管理活动将会影响随后公司的经营业绩表现，如果上市公司再融资以前进行了正向盈余管理，则新股发行后，利润会向下调整，公司的经营业绩将会下降（Teoh et al.，1998），如果是面向非控股股东的定向增发，由于上市公司之前进行了正向盈余管理，则定向增发完成后，一部分应计利润会反转，则公司收益下降，如果是面向控股股东的定向增发，虽然上市公司在定向增发前进行的是负向盈余管理，在定向增发结束后，由于利润的反转会使收益上升，短期内公司经营业绩会上升，因此存在着随后利润反转的应计项目盈余管理只会影响公司的短期业绩，但是，真实活动操控的盈余管理因为会改变公司的销售活动和生产活动，影响公司研发投入等，从而使公司的经营决策偏离正常轨道，导致公司长期经营业绩下滑。因此，本书提出假设 H2。

H2：应计项目操控会导致定向增发后公司短期经营业绩变动，而真实活动操控会导致定向增发后公司长期经营业绩下滑。

第二节　研究设计与样本选择

一　研究设计

前期文献在研究定向增发与盈余管理问题时，仅以行业、公司规模来选择控制样本进行比较（章卫东，2010），或者并没有选择控制样本，只是进行了简单的统计检验（如李正福等，2012），进而得出定向增发公司存在盈余管理的结论，但是控制样本选择的偏差会影响结论的可靠性，很难回答"究竟是定向增发导致了盈余管理，还是盈余管理是中国上市公司的普遍现象，随时可以定向增发"，由于实施定向增发的公司与没有实施定向增发的公司在很多特征变量上存在差异，因此在研究这一问题时，如果我们可以找到一组与定向增发公司"相似"的没有定向增发的公司，进而再比较二者盈余管理的程度，就可以解决定向增发与盈余管理的内生性问题了。Rosenbaum 和 Rubin（1983）提出的倾向得分匹配方法（Propensity Score Matching，PSM）为我们解决这一问题提供了思路，该方法的基本思想是选择匹配变量，并将匹配变量换算为倾向得分，根据倾向得分进行匹配，匹配的过程就是寻找"相似"公司的过程，最终的结果是为定向增发公司匹配一组没有实施定向增发的"相似"公司，匹配后的两组公司可观测到的特征变量无显著差异。

在使用 PSM 的方法过程中，首先要建立定向增发影响因素的 Logit 模型，具体如式（3.1）所示。

$$p(X) = pr[D = 1/X] = \frac{\exp(\beta X)}{1 + \exp(\beta X)} \tag{3.1}$$

其中，D 表示指标函数，如果实施定向增发则为 1，否则为 0。X 表示研究选择的特征变量，$P(X)$ 表示每个样本的倾向得分，也是实施定向增发的概率，需要根据 Logit 模型来估计。

根据前期文献及相关理论，公司是否选择定向增发受到公司控制权、相关风险及信息不对称等因素的影响，因此本书选择如下变量构建 Logit 模型，具体包括公司控制权的代理变量第一大股东持股比例、前三大股东持股比例及 Z 指数；公司风险因素的代理变量市值账面比、资产负债率、上市年限；信息不对称的代理变量公司规模、定向增发前一年及当年是否债务重组、现金成长性及前一年公司业绩，具体定义如表 3-1 所示。

表 3 - 1　　　　　　　　　　是否实施定向增发的影响因素

序号	变量名称及符号		定义
1		是否定向增发（PP）	虚拟变量，如果公司实施定向增发为1，否则为0
2	控制权代理变量	第一大股东持股比例（Top 1）	第一大股东持股数量/公司股份总数
3		前三大股东持股比例（Top 3）	公司前三大股东持股数量/公司股份总数
4		Z指数（Z）	公司第一大股东和第二大股东持股比例的比值
5	风险因素代理变量	市值账面比（MB）	市场价值/账面价值（市净率指标）
6		资产负债率（Lev）	负债总额/总资产
7		上市年限（Age）	定向增发当年公司的上市年限
8	信息不对称代理变量	公司规模（Size）	公司资产总额自然对数
9		债务重组（CZ）	定向增发前一年及当年是否进行债务重组
10		现金成长性（CASH）	现金/资产总额
11		公司业绩（ROA_{-1}）	定向增发前一年总资产报酬率

其次，选择匹配方法进行匹配。目前匹配方法主要包括最近邻匹配、半径匹配、核匹配等多种方法。本书选择学者们都在使用的最近邻匹配方法，其基本思想是依据所估计的倾向得分，前向和后向寻找与定向增发样本倾向得分最为接近的未定向增发样本进行匹配。如果 T 和 C 分别表示定向增发样本和未定向增发样本的集合，Y_i^T 和 Y_j^C 表示两组的经营业绩，$C(i)$ 表示与定向增发样本第 i 个观测值对应的未定向增发样本的匹配集合，相应的倾向得分为 PS_i，该方法的匹配原则如式（3.2）所示，即倾向得分之差的绝对值在 i 和 j 之间倾向得分的所有可能配对中最小。

$$c(i) = \min_j \| ps_i - ps_j \| \tag{3.2}$$

最后，估算平均处理效应（ATT），也就是匹配后定向增发公司与未定向增发公司盈余管理的差异，ATT 的计算公式如下：

$$ATT = \frac{1}{N^T} \sum_{i \in T} \left[Y_i^T - \sum_{j \in C} w_{ij} Y_j^C \right] \qquad (3.3)$$

其中，W_{ij} 表示针对定向增发公司 i，未定向增发公司 j 的权重，N_T 表示定向增发公司的样本数量。

二　样本选择及变量定义

本章数据主要来自 WIND 资讯金融终端，部分财务数据来自 CSMAR 数据库，根据定向增发对象不同，将样本分为面向控股股东（包括大股东及大股东关联方）的定向增发和面向非控股股东（包括机构投资者、境内自然人）的定向增发两类，样本期间为 2007—2010 年，样本数量分别为 135 家和 158 家，同时选择 2007—2010 年没有实施定向增发的 1815 家公司作为匹配样本，样本的基本筛选原则如下：（1）剔除金融类上市公司；（2）剔除 ST 公司；（3）剔除数据缺失公司。为防止异常值的影响，本书在数据处理过程中对所有连续变量在 1% 水平上做缩尾处理。如前文所述，本书采用两种方式衡量公司的盈余管理程度，即应计项目操控模型和真实活动操控模型，回归模型的具体变量见表 3 - 2。

（一）盈余管理的度量变量

1. 应计项目操控模型

本书借鉴 Dechow 等（1995）提出的修正琼斯模型，国内大多数的研究也都使用该模型估计应计盈余管理，该模型使用可操控应计利润代表公司盈余管理的程度，不可操控应计利润代表公司正常的应计利润，二者合计为公司的总应计利润。具体运用时，首先使用行业截面数据估计参数，然后计算不可操控应计利润，再用总应计利润减掉不可操控应计利润，即为盈余管理的度量变量，可操控应计利润。

具体步骤如下：

（1）根据式（3.1），进行分年度和分行业的 OLS 回归：

$$\frac{TA_{i,t}}{A_{i,t-1}} = \lambda_0 + \lambda_1 \frac{1}{A_{i,t-1}} + \lambda_2 \frac{\Delta REV_{i,t} - \Delta AR_{i,t}}{A_{i,t-1}}$$
$$+ \lambda_3 \frac{FA_{i,t}}{A_{i,t-1}} + \lambda_4 ROA_{i,t} + \varepsilon_{i,t} \qquad (3.4)$$

其中，$TA_{i,t} = NI_{i,t} - CFO_{i,t}$，$TA_{i,t}$表示 i 公司第 t 年的总应计利润，$NI_{i,t}$表示 i 公司第 t 年的扣除非经常性损益后的净利润，$CFO_{i,t}$表示 i 公司第 t 年的经营活动现金流量净额，$A_{i,t-1}$表示 i 公司第 $t-1$ 年的总资产，为了消除公司规模的影响，各变量均除以第 $t-1$ 年的总资产进行标准化处理，$\Delta REV_{i,t}$表示 i 公司第 t 年营业收入变动额，$\Delta AR_{i,t}$表示 i 公司第 t 年应收账款变动额，$FA_{i,t}$表示 i 公司第 t 年的固定资产，$ROA_{i,t}$表示 i 公司第 t 年的总资产报酬率，$\varepsilon_{i,t}$表示随机误差项。

（2）估计不可操控应计利润：

$$\frac{NDA_{i,t}}{A_{i,t-1}} = \alpha_0 + \alpha_1 \frac{1}{A_{i,t-1}} + \alpha_2 \frac{\Delta REV_{i,t} - \Delta AR_{i,t}}{A_{i,t-1}} + \alpha_3 \frac{FA_{i,t}}{A_{i,t-1}} + \alpha_4 ROA_{i,t}$$

$$(3.5)$$

其中，α_0、α_1、α_2、α_3、α_4 表示式（3.4）中 λ_0、λ_1、λ_2、λ_3、λ_4 的估计值，$NDA_{i,t}$表示 i 公司第 t 年的不可操控应计利润。

（3）计算可操控应计利润，即盈余管理的度量变量，其中，$DA_{i,t}$为 i 公司第 t 年的可操控应计利润，总应计利润与不可操控应计利润之差为可操控应计利润，如式（3.6）所示：

$$DA = \frac{TA_{i,t}}{A_{i,t-1}} - \frac{NDA_{i,t}}{A_{i,t-1}}$$

$$(3.6)$$

2. 真实活动操控模型

根据 Cohen 和 Zarowin（2010）、李增福等（2012）的研究，真实活动操控包括销售操控、生产操控及酌量费用操控三种方式，其中销售操控包括改变信用条件及销售折扣等；生产操控主要指提高产量，进而增加生产成本；酌量费用操控是指改变研发费用或者广告费用的投入等。也就是说，如果公司采用真实活动操控进行盈余管理，那么公司将会有异常的现金流、异常的生产成本及异常的酌量性费用。借鉴 Cohen 和 Zarowin（2010）、李增福等（2012）的研究方法，我们首先根据分年度和分行业的 OLS 回归估计这三个项目的正常值，其次运用公司当年的实际值减去正常值，来估算异常值的水平，最后将三个项目的异常值加总，作为真实活动操控的盈余管理计量指标。

具体步骤如下：

（1）计算经营活动现金流量的异常值。经营活动现金流量与公司销售收入之间存在如下线性关系，如式（3.7）所示：

$$\frac{OCF_{i,t}}{A_{i,t-1}} = \lambda_0 + \lambda_1 \frac{1}{A_{i,t-1}} + \lambda_2 \frac{SALES_{i,t}}{A_{i,t-1}} + \lambda_3 \frac{\Delta SALES_{i,t}}{A_{i,t-1}} + \varepsilon_{i,t} \qquad (3.7)$$

其中，$OCF_{i,t}$ 表示第 i 家公司第 t 年经营活动现金流量净额的实际值，$SALES_{i,t}$ 表示第 i 家公司第 t 年销售收入，$\Delta SALES_{i,t}$ 表示第 i 家公司第 t 年销售收入变动额，$\varepsilon_{i,t}$ 表示随机误差项，$A_{i,t-1}$ 表示第 $t-1$ 年的资产总额，各变量除以前一年资产总额是为了消除公司规模的影响（以下同）；然后我们可以计算经营活动现金流量的正常值。

$$\frac{OCFN_{i,t}}{A_{i,t-1}} = \alpha_0 + \alpha_1 \frac{1}{A_{i,t-1}} + \alpha_2 \frac{SALES_{i,t}}{A_{i,t-1}} + \alpha_3 \frac{\Delta SALES_{i,t}}{A_{i,t-1}} \qquad (3.8)$$

其中，$OCFN_{i,t}$ 表示第 i 家公司第 t 年经营活动现金流量净额的正常值，α_0、α_1、α_2、α_3 表示式（3.7）中 λ_0、λ_1、λ_2、λ_3 的估计值。

最后，利用经营活动现金流量的实际值减去经营活动现金流量的正常值就会得到经营活动现金流量的异常值（EM_1）。

$$EM_1 = \frac{OCF_{i,t}}{A_{i,t-1}} - \frac{OCFN_{i,t}}{A_{i,t-1}} \qquad (3.9)$$

（2）计算生产成本的异常值。企业的生产成本包括销售成本和存货的变动额。其中，销售成本（$COST$）与当期销售收入、存货的变动额（ΔINV）与当期销售收入之间存在如下线性关系。

$$\frac{COST_{i,t}}{A_{i,t-1}} = \lambda_0 + \lambda_1 \frac{1}{A_{i,t-1}} + \lambda_2 \frac{SALES_{i,t}}{A_{i,t-1}} + \varepsilon_{i,t} \qquad (3.10)$$

$$\frac{\Delta INV_{i,t}}{A_{i,t-1}} = \lambda_0 + \lambda_1 \frac{1}{A_{i,t-1}} + \lambda_2 \frac{\Delta SALES_{i,t}}{A_{i,t-1}} + \lambda_3 \frac{\Delta SALES_{i,t-1}}{A_{i,t-1}} + \varepsilon_{i,t}$$

$$(3.11)$$

其中，$COST_{i,t}$ 表示第 i 家公司第 t 年销售成本的实际值，$SALES_{i,t}$ 表示第 i 家公司第 t 年销售收入，$\Delta INV_{i,t}$ 表示第 i 家公司第 t 年存货变动额的实际值，$\Delta SALES_{i,t}$ 表示第 i 家公司第 t 年销售收入变动额，$\Delta SALES_{i,t-1}$ 表示第 i 家公司第 $t-1$ 年销售收入变动额，$\varepsilon_{i,t}$ 表示随机误差项。

根据上面的两个式子，我们可以估计产品成本的实际值，即：

$$\frac{PROD_{i,t}}{A_{i,t-1}} = \lambda_0 + \lambda_1 \frac{1}{A_{i,t-1}} + \lambda_2 \frac{SALES_{i,t}}{A_{i,t-1}} + \lambda_3 \frac{\Delta SALES_{i,t}}{A_{i,t-1}} +$$

$$\lambda_4 \frac{\Delta SALES_{i,t-1}}{A_{i,t-1}} + \varepsilon_{i,t} \tag{3.12}$$

其中，$PROD_{i,t}$ 表示第 i 家公司第 t 年产品成本的实际值，α_0、α_1、α_2、α_3、α_4 表示式（3.12）中 λ_0、λ_1、λ_2、λ_3、λ_4 的估计值，根据样本期内 A 股上市公司全样本数据可以估计得到行业特征参数 α_0、α_1、α_2、α_3、α_4，代入式（3.13）中，即可求得产品成本的正常值。

$$\frac{PRODN_{i,t}}{A_{i,t-1}} = \alpha_0 + \alpha_1 \frac{1}{A_{i,t-1}} + \alpha_2 \frac{SALES_{i,t}}{A_{i,t-1}} + \alpha_3 \frac{\Delta SALES_{i,t}}{A_{i,t-1}} +$$

$$\alpha_4 \frac{\Delta SALES_{i,t-1}}{A_{i,t-1}} \tag{3.13}$$

其中，$PRODN_{i,t}$ 表示第 i 家公司第 t 年产品成本的正常值。

最后，利用产品成本的实际值减去产品成本的正常值就会得到产品成本的异常值（EM_2）。

$$EM_2 = \frac{PROD_{i,t}}{A_{i,t-1}} - \frac{PRODN_{i,t}}{A_{i,t-1}} \tag{3.14}$$

（3）计算酌量性费用的异常值。酌量性费用与公司前一期的销售收入之间存在如下线性关系，如式（3.15）所示：

$$\frac{EXP_{i,t}}{A_{i,t-1}} = \lambda_0 + \lambda_1 \frac{1}{A_{i,t-1}} + \lambda_2 \frac{SALES_{i,t-1}}{A_{i,t-1}} + \varepsilon_{i,t} \tag{3.15}$$

其中，$EXP_{i,t}$ 表示第 i 家公司第 t 年酌量性费用的实际值。根据式（3.15），运用 A 股上市公司全样本回归，可以得到行业特征参数 α_0、α_1、α_2、α_3，代入式（3.16）中可以求得酌量性费用的正常值。

$$\frac{EXPN_{i,t}}{A_{i,t-1}} = \alpha_0 + \alpha_1 \frac{1}{A_{i,t-1}} + \alpha_2 \frac{SALES_{i,t-1}}{A_{i,t-1}} + \varepsilon_{i,t} \tag{3.16}$$

其中，$EXPN_{i,t}$ 表示第 i 家公司第 t 年酌量性费用的正常值。

最后，利用酌量性费用的实际值减去酌量性费用的正常值就会得到酌量性费用的异常值（EM_3）。

$$EM_3 = \frac{EXP_{i,t}}{A_{i,t-1}} - \frac{EXPN_{i,t}}{A_{i,t-1}} \qquad (3.17)$$

（4）真实活动操控的计量指标。真实活动操控的计量指标即综合考虑了上述经营活动现金流量异常值、产品成本异常值和酌量性费用异常值之后的指标，如式（3.18）所示。当公司采用真实活动盈余操控做大利润时，则会带来更高的生产成本，更低的经营活动现金流量和更低的酌量性费用，EM_{real} 将为正，否则为负。

$$EM_{real} = EM_2 - EM_1 - EM_3 \qquad (3.18)$$

（二）回归模型的变量定义

回归模型的变量定义如表3-2所示。

表3-2　　　　　　　　　　回归模型变量及符号

类别	变量	符号
被解释变量	净资产收益率的变动	ΔROE
解释变量	应计项目操控盈余管理指标	DA
	真实活动操控盈余管理指标	EM_{real}
控制变量	公司规模	Size
	资产负债率	Lev
	营业收入增长率	Growth
	市值账面比	MB
	Z指数	Z

第三节　实证过程

一　定向增发公司盈余管理的初步结论

在匹配之前，我们先从统计上初步判断定向增发公司与没有实施定向增发的公司在匹配变量及盈余管理程度上的差异，具体结果见表3-3、表3-4和表3-5。

表 3 – 3　　　匹配变量均值对比（匹配前）——面向控股股东

匹配变量	面向控股股东	未定向增发	T 值	P 值
第一大股东持股比例（Top 1）	0.390	0.351	2.85	0.004
前三大股东持股比例（Top 3）	0.497	0.465	2.40	0.017
Z 指数（Z）	19.771	18.804	1.90	0.047
资产负债率（Lev）	0.602	0.570	2.01	0.044
市值账面比（MB）	4.755	3.866	2.48	0.013
上市年限（Age）	16.585	16.922	−1.98	0.086
公司规模（Size）	21.713	21.575	2.30	0.052
债务重组（CZ）	0.956	0.624	8.48	0.000
现金成长性（CASH）	0.139	0.154	−2.47	0.041
公司业绩（ROA_{-1}）	0.050	0.046	2.60	0.048

表 3 – 4　　　匹配变量均值对比（匹配前）——面向非控股股东

匹配变量	面向非控股股东	未定向增发	T 值	P 值
第一大股东持股比例（Top 1）	0.367	0.351	1.80	0.084
前三大股东持股比例（Top 3）	0.494	0.465	2.34	0.019
Z 指数（Z）	11.743	18.729	−2.68	0.007
资产负债率（Lev）	0.706	0.570	1.89	0.059
市值账面比（MB）	5.176	3.869	4.11	0.000
上市年限（Age）	13.696	16.922	−10.16	0.000
公司规模（Size）	21.281	21.575	−3.03	0.002
债务重组（CZ）	0.930	0.624	9.07	0.000
现金成长性（CASH）	0.145	0.154	−1.98	0.076
公司业绩（ROA_{-1}）	0.060	0.046	2.39	0.017

表 3 – 5　　　　　　　匹配变量均值对比（匹配前）

Panel A				
产出变量	面向控股股东	未定向增发	T 值	P 值
DA	0.010	0.032	−5.602	0.000
EM_{real}	−0.015	0.046	−3.212	0.000

续表

Panel B

产出变量	面向非控股股东	未定向增发	T 值	P 值
DA	0.086	0.027	10.072	0.000
EM_{real}	0.112	-0.055	11.251	0.000

在匹配之前，我们首先观测下定向增发公司与未定向增发公司在各匹配变量及产出变量的对比，从表 3-3 和表 3-4 中可以看出，无论是面向控股股东的定向增发还是面向非控股股东的定向增发，各定向增发公司的匹配变量与未定向增发公司均存在显著差异。与未定向增发公司相比，面向控股股东定向增发时，公司的股权集中度、资产负债率、账面市值比、公司规模、债务重组、公司业绩等指标变量都较高，但是上市年限和现金成长性指标较低；面向非控股股东定向增发时，公司股权集中度、公司规模变量则较小，说明股权集中度高的大公司更倾向于向控股股东进行定向增发。从产出变量上来看，面向控股股东定向增发时，应计盈余操控变量和真实盈余操控变量都显著低于非定向增发公司，但是面向非控股股东定向增发时，二者又都显著高于未定向增发公司，同时，我们对未定向增发公司盈余管理做独立样本 T 检验时，发现并不显著，因此可以初步判断，上市公司在定向增发前进行了盈余管理，但是增发对象的不同，盈余管理的方向也不同。

二 匹配效果检验

组间比较可以直观地看出各个变量的差异，但是，无法控制变量之间的相互干扰，因此，在匹配之前先对变量进行筛选，使用 Logit 模型进行回归，同时控制行业和年份，解释变量就是上述各个匹配变量，被解释变量是 0—1 变量，其中，1 代表定向增发，0 代表未定向增发，最终回归的结果显示，这些变量都显著，因此所有匹配变量都得以保留（限于篇幅，表未列出），接下来进行匹配。

使用倾向得分匹配方法进行匹配需要满足平衡性假设和共同支撑假设。平衡性假设要求在匹配完成后，定向增发公司与未定向增发公司在各匹配变量上无明显差异，如果仍然存在显著差异，则说明倾向得分匹配是无效的。根据史密斯和托德（Smith and Todd，2005）的研究，我们需要计算定向增发公司与未定向增发公司基于匹配变量的标准差，进而检验匹配的平衡性，在 Stata 中，Pstest 命令可以给出偏差的结果，偏差越小，说明匹配效果越好。

本书以 Lev 为例来说明标准偏差的计算公式：

$$Bias(Lev) = \frac{100 \dfrac{1}{n} \sum\limits_{i \in (T=1)} \left[Lev_i - \sum\limits_{j \in (T=0)} g(P_i P_j) Lev_j \right]}{\sqrt{\dfrac{\mathrm{var}_{i \in (T=1)}(Lev_i) + \mathrm{var}_{j \in (T=0)} v(Lev_j)}{2}}} \tag{3.19}$$

目前，对于偏差的"阈值"没有统一结论，根据罗森鲍姆和鲁宾（Rosenbaum and Rubin，1985）研究，一般认为，标准偏差的绝对值小于 20 可以认定为匹配有效，从表 3 - 6 和表 3 - 7 中可以看出，匹配后，无论是面向控股股东的定向增发公司还是面向非控股股东的定向增发公司与未定向增发公司基于匹配变量的标准偏差绝对值都小于 20，可见，本研究的匹配效果较为理想。

表 3 - 6 　　　匹配变量均值对比（匹配后）——面向控股股东

匹配变量	面向控股股东	未定向增发	偏差（%）	T 值（P 值）
第一大股东 持股比例（Top 1）	0.390	0.388	1.2	0.11（0.916）
前三大股东 持股比例（Top 3）	0.497	0.500	- 1.9	- 0.16（0.872）
Z 指数（Z）	19.771	16.802	9.2	0.89（0.373）
资产负债率（Lev）	0.602	0.566	11.1	1.04（0.301）
市值账面比（MB）	4.755	4.910	- 3.2	- 0.24（0.811）
上市年限（Age）	16.585	16.370	5.9	0.46（0.644）
公司规模（Size）	21.713	21.754	- 3.3	- 0.26（0.796）
债务重组（CZ）	0.956	0.941	7.5	0.55（0.585）
现金成长性（CASH）	0.139	0.144	- 4.9	- 0.41（0.685）
公司业绩（ROA$_{-1}$）	0.050	0.046	5.8	0.49（0.623）

表3-7　　　匹配变量均值对比（匹配后）——面向非控股股东

匹配变量	面向非控股股东	未定向增发	偏差（%）	T值（P值）
第一大股东 持股比例（Top 1）	0.367	0.361	4.0	0.36（0.719）
前三大股东 持股比例（Top3）	0.494	0.492	1.7	0.15（0.882）
Z指数（Z）	11.743	9.703	7.8	1.15（0.252）
资产负债率（Lev）	0.706	0.682	10.3	1.11（0.269）
市值账面比（MB）	5.176	5.507	−8.1	−0.59（0.556）
上市年限（Age）	13.696	14.437	−18.4	−1.63（0.104）
公司规模（Size）	21.281	21.205	6.9	0.61（0.544）
债务重组（CZ）	0.930	0.924	2.8	0.22（0.829）
现金成长性（CASH）	0.145	0.143	1.5	0.13（0.894）
公司业绩（ROA_{-1}）	0.060	0.066	−8	−0.62（0.534）

　　共同支撑假设要求在匹配之后定向增发公司与未定向增发公司的倾向得分分布一致，为此，我们给出了匹配前后两组样本倾向得分的核密度图，如图3-1和图3-2所示，可以看出，无论是面向控股股东的定向增发还是面向非控股股东的定向增发在匹配前二者的倾向得分差异较大，但是，匹配之后二者倾向得分分布较为一致，匹配的过程修正了样本的偏差。

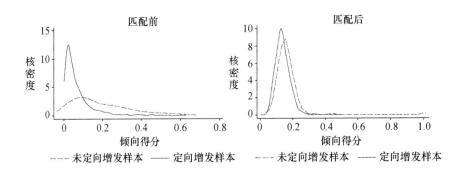

图3-1　匹配前后的核密度——面向控股股东

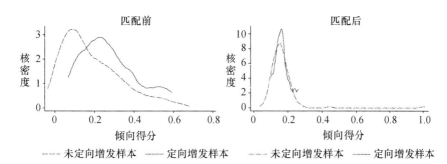

图3-2 匹配前后的核密度——面向非控股股东

三 平均处理效应

平均处理效应输出结果如表3-8所示。

表3-8   平均处理效应输出结果

Panel A					
	产出变量	-1	0	1	2	3
DA	面向控股股东	-0.112	0.041	0.023	0.052	0.091
	未定向增发	0.026	0.058	0.028	0.049	0.037
	ATT	-0.138***	-0.017	-0.005	0.003	0.054**
		(0.000)	(0.121)	(0.736)	(0.898)	(0.035)
EM_real	面向控股股东	-0.025	0.060	0.084	0.071	0.115
	未定向增发	0.052	0.029	0.074	0.063	0.069
	ATT	-0.077***	0.021*	0.01	0.008	0.046**
		(0.003)	(0.063)	(0.358)	(0.784)	(0.018)
Panel B					
	产出变量	-1	0	1	2	3
DA	面向非控股股东	0.089	0.076	0.064	0.071	0.055
	未定向增发	0.026	0.065	0.035	0.074	0.051
	ATT	0.063***	0.011	0.029**	-0.003	0.004
		(0.000)	(0.634)	(0.025)	(0.867)	(0.991)
EM_real	面向非控股股东	0.085	0.064	0.084	0.079	0.082
	未定向增发	0.052	0.037	0.071	0.065	0.078
	ATT	0.033***	0.027***	0.013	0.014	0.004
		(0.000)	(0.002)	(0.367)	(0.524)	(0.887)

注：括号内数值为 T 值，显著性水平 * 表示 $P < 0.1$，** 表示 $P < 0.05$，*** 表示 $P < 0.01$。本书下文各表相同。

表 3 – 8 是平均处理效应（ATT）的输出结果，从 Panel A 可以看出，面向控股股东定向增发时，定向增发公司在定向增发前一年会同时利用应计操控和真实活动操控两种方式进行盈余管理，缩小利润，因此无论是 DA 还是 EM，ATT 都为负值，均在 1% 水平上显著，同时，我们还发现，随着定向增发的进行及完成，在定向增发当年、定向增发后一年及定向增发后两年，定向增发公司的盈余管理程度与非定向增发公司并没有显著差异，但是在定向增发完成后三年，面向控股股东的定向增发其 DA 和 EMreal 又显著高于未定向增发公司，本书认为，可能的原因是，由于面向控股股东的定向增发股份存在三年的锁定期，在股份即将解锁之际，上市公司又有所行动，通过盈余操控提升利润，进而刺激股价上涨，从而使得控股股东套现获利。从 Panel B 可以看出，面向非控股股东定向增发时，定向增发公司前一年也会同时采用应计操控和真实活动操控管理盈余，但是，与面向控股股东定向增发时不同，此时上市公司会做大盈余，DA 和 EM 均显著大于未定向增发公司，均在 1% 水平上显著，同时，我们也发现，上市公司完成定向增发后一年，其 DA 仍然显著高于未定向增发公司，而且在定向增发当年 EMreal 仍然显著高于未定向增发公司，这似乎表明，面向非控股股东的定向增发股票由于存在一年的锁定期，在锁定期即将到来之际，上市公司与非控股股东存在某种合力，欲提高公司股价，使非控股股东解锁受益，由于定向增发的非控股股东大部分为机构投资者，这似乎从一定程度上佐证了机构投资者存在与上市公司合谋的行为。

四 回归分析

以上 PSM 的结果基本上验证了前文的假设 H1，为了进一步验证假设 H2，本书设计如下基本回归模型，变量定义见前述表 3 – 2。

$$\Delta ROE = \beta_0 + \beta_1 DA + \beta_2 Size + \beta_3 Lev + \beta_4 Growth + \beta_5 MB + \beta_6 Z + \varepsilon$$

$$\Delta ROE = \beta_0 + \beta_1 EM_{real} + \beta_2 Size + \beta_3 Lev + \beta_4 Growth + \beta_5 MB + \beta_6 Z + \varepsilon$$

其中，ΔROE 表示公司定向增发完成后一年和三年的净资产收益率平均变动率，本书采用季度数据对此进行衡量，定向增发完成后一年的净资产收益率平均变动率使用公司完成定向增发后第 1—4

季度的 ROE 数据计算，其代表公司短期经营业绩表现；定向增发完成后三年的净资产收益率平均变动率使用公司完成定向增发后第9—12 季度的 ROE 数据计算，其代表公司长期经营业绩表现。

表 3 – 9　　　　　　　　回归分析结果——面向控股股东

应计项目操控			真实活动操控		
变量	第 1—4 季度	第 9—12 季度	变量	第 1—4 季度	第 9—12 季度
常数	0.8574 *** (3.251)	0.9572 *** (3.687)	常数	0.0576 (0.859)	− 0.8044 *** (− 3.740)
DA	0.0251 ** (2.304)	0.0324 (0.676)	EM_{real}	0.0371 (1.412)	− 0.0245 ** (− 2.351)
Size	− 0.0216 *** (− 3.526)	− 0.0540 *** (− 3.584)	Size	− 0.0327 *** (− 3.287)	− 0.0429 *** (− 2.997)
Lev	− 0.3041 (− 1.257)	0.2582 ** (2.011)	Lev	0.214 (1.258)	0.3471 ** (2.434)
Growth	0.0031 (0.9521)	0.0425 (0.987)	Growth	0.0247 (0.885)	− 0.0473 (− 1.304)
MB	− 0.0610 * (− 1.82)	0.0352 (0.967)	MB	− 0.0024 (− 0.987)	− 0.0128 (− 1.206)
Z	0.3324 *** (3.104)	0.2174 (1.334)	Z	0.3580 *** (3.001)	0.3174 (1.167)
OBS	135	135	OBS	135	135
F	25.637	14.324	F	20.368	14.253
调整的 R^2	0.291	0.205	调整的 R^2	0.207	0.119
D – W	1.991	2.110	D – W	2.014	2.057

　　注：括号内数值为 T 值，显著性水平 * 表示 $P < 0.1$，** 表示 $P < 0.05$，*** 表示 $P < 0.01$。

表 3 – 10　　　　　　　　回归分析结果——面向非控股股东

应计项目操控			真实活动操控		
变量	第 1—4 季度	第 9—12 季度	变量	第 1—4 季度	第 9—12 季度
常数	0.952 *** (2.961)	0.852 (1.238)	常数	0.637 (1.058)	0.974 (0.982)

续表

	应计项目操控			真实活动操控	
变量	第1—4季度	第9—12季度	变量	第1—4季度	第9—12季度
DA	-0.0276**	-0.0247	EM_{real}	-0.0341***	-0.0283***
	(-2.341)	(-0.895)		(-3.017)	(-2.899)
Size	-0.0142*	-0.0387**	Size	-0.0324***	-0.0259**
	(-1.681)	(-2.457)		(-3.021)	(-2.180)
Lev	0.0124**	0.0096	Lev	0.0130**	0.0097
	(2.345)	(1.362)		(2.041)	(1.479)
Growth	0.0035	0.0096	Growth	0.0028	0.0087
	(0.937)	(0.387)		(0.365)	(0.857)
MB	-0.0021*	-0.0374**	MB	-0.0158	-0.0289**
	(1.887)	(2.038)		(1.674)	(2.158)
Z	0.2567	0.3549	Z	0.2674	0.3196
	(1.257)	(1.394)		(1.624)	(0.996)
OBS	158	158	OBS	158	158
F	12.305	9.367	F	8.254	10.472
调整的 R^2	0.304	0.247	调整的 R^2	0.158	0.202
D-W	1.963	2.014	D-W	1.934	2.137

从表3-9和表3-10的回归结果可以看出，面向控股股东定向增发时，应计项目操控模型下，DA的系数短期内显著为正，但长期并不显著，这说明面向控股股东定向增发前上市公司的负向盈余管理行为（调减了利润），在短期内出现反转，使得业绩在短期内回升，但是长期业绩并没有受此影响；真实操控模型中，EM_{real}的系数长期显著为负，但是短期并不显著，这说明上市公司在定向增发前采用真实活动操控盈余，在定向增发完成后业绩也不会出现反弹，从长期来看还会导致业绩下降。面向非控股股东定向增发时，在应计项目操控模型下，DA的系数短期内显著为负，长期内统计上并不显著，这说明定向增发公司在定向增发前采用应计项目盈余管理调高利润，随后出现反转，业绩下滑，长期内虽然统计上不显著，但是，业绩仍然没有恢复增长；在真实活动操控模型下，EM_{real}的系数在短期和长期内均显著为负，这说明定向增发前采用真实活

动操控提升盈余，但是定向增发完成后在短期和长期内业绩均下滑，这验证了前文的假设 H2。

五　稳健性检验

本章采用如下方式进行稳健性检验，第一，在 PSM 方法中，我们使用半径匹配的方法再次对数据进行检验，结果并没有发生实质性改变；第二，在回归分析中，对于长期经营业绩的衡量，我们采用定向增发完成后第 10—14 季度的数据再次进行回归，结论与前文相同，由此可见，本书的结论具有稳健性。

第四节　总结

本章以 2007—2010 年定向增发公司为样本，采用倾向得分匹配方法和回归分析方法研究了定向增发公司的盈余管理问题。研究发现，公司在定向增发前会进行盈余操控，而且会同时采用应计项目和真实活动两种方式进行，但是，具体方向与定向增发的对象有关，当公司面向控股股东定向增发时，在增发前一年会进行负向盈余管理调低利润，进而降低发行价格，使控股股东以较小的付出得到较多股份，实现向控股股东的利益输送；但当公司面向非控股股东定向增发时，在定向增发前一年会进行正向盈余管理，提高利润，进而提高定向增发价格募集更多的资金。本书的研究同时发现，上市公司定向增发前的盈余管理会影响其后的经营业绩表现，但不同的盈余管理方式对其业绩表现的影响略有不同，面向控股股东定向增发时，在应计项目盈余操控下，短期经营业绩反转提升，但长期不显著，在真实活动盈余操控下，短期业绩不显著，但长期业绩显著下降；面向非控股股东定向增发时，在应计项目盈余操控下，短期经营业绩反转下降，但长期业绩表现无改善，在真实活动盈余操控下，短期业绩和长期业绩均显著下降；说明应计项目盈余操控会影响公司的短期业绩表现，而真实活动操控由于改变公司的最优经营决策，进而导致了公司的长期业绩下滑。

第四章　定向增发与投资效率

根据第二章的分析，国内的研究多数立足于中国特有的制度背景环境和公司治理特征进行分析，主要可以分为两条线：

第一条线为定向增发中大股东向自身进行利益输送问题（如朱红军等，2008；张鸣等，2009；徐寿福，2009；章卫东等，2010；王志强等，2010；赵玉芳等，2011），这也是学者们集中研究的问题，学者们采用案例研究、大样本研究等多种研究方法，证实了在定向增发过程中，上市公司可能会采用操纵盈余、注入不良资产、定向增发折价、现金分红等方式掏空上市公司利益，极大地损害了中小股东的利益；但也有学者对此持反对意见，认为大股东并没有通过定向增发掏空上市公司利益（如徐斌、俞静，2010；邓路等，2011）。

第二条线为定向增发后的短期业绩和长期业绩表现，从短期来看，存在定向增发正的公告效应（如章卫东，2007—2008；徐寿福，2010；毕金玲，2010）；从长期来看，有学者发现定向增发后长期业绩上升（如毕金玲，2010；邓路等，2011），但也有学者证实定向增发后长期业绩下滑（如徐寿福，2011；耿建新等，2011），不同的研究结论可能与他们研究的样本期间以及业绩的代理变量选取有关。

笔者通过梳理前期文献发现，在整体定向增发的研究脉络里，关于定向增发投资效率的研究甚少，而定向增发无论是以融资为目的，还是以引入战略投资者为目的，其都是为了能提高公司的投资效率进而提升公司价值，这也是证券监管部门推出定向增发这一股权再融资方式的初衷所在，因此，从投资效率的视角去研究定向增发问题显得尤为重要，那么定向增发后公司的投资效率提升了吗？
定向增发公司的投资效率又呈现怎样的特点？是否存在大股东操控
下的非效率投资现象，究竟定向增发能否实现大小股东的"双赢"，
不同产权性质的大股东对定向增发公司投资效率的影响是否存在差
异，前期文献研究得较少，现有研究的不足也为本书的研究提供了
契机。

　　本书的贡献在于：第一，与现有研究主要关注定向增发折价、
公告效应、大股东利益侵占等角度不同，本书研究定向增发的投资
效率问题，并且发现定向增发之后存在非效率投资，而且重点表现
为投资不足；第二，本书从投资效率的视角进一步证实了定向增发
大股东掏空行为的存在，对证券监管部门监督大股东行为具有现实
指导意义；第三，提供不同产权性质的大股东对定向增发投资效率
的影响存在显著差异的经验证据，深化了定向增发和投资效率的
研究。

第一节　理论分析与假设提出

　　定向增发在国外出现得较早，因此相应的理论研究也较早，学
者研究较多的是关于定向增发的折价、公告效应等问题。

一　理论分析

　　国外学者较早关注定向增发的折价问题。如西尔伯（1991）研
究美国私募发行时发现公司必须折扣超过30%才能成功出售带锁定
期的股票，他指出，发行折价的比例会随着私募规模进行调整，西
尔伯解释说这种发行折扣是发行公司给予认购者的补偿——因为认
购的股票不能立刻上市流通。随后的学者也提出，定向增发中的折
价是对投资者信息成本的补偿或是承担风险的补偿，如赫策尔和史
密斯（1993）认为，定向增发的折价反映了公司对投资者的信息补
偿，安德森、罗斯和卡恩（2006）认为，定向增发的折价是对投资
者承担风险的补偿。Liang 和 Jiang（2013）研究定向增发折价与公

告效应，他们的研究特色在于将样本进行分类，即分成交易所交易公司和场外交易公司，他们发现，场外交易公司定向增发的折价反映了投资者对评估公司的补偿，异常收益反映有关公司价值的信息；但对于交易所交易公司的研究结论支持信息假说和监督假说，两类公司定向增发存在不同的动机。而国内学者对于定向增发折价的研究多与大股东利益输送相结合进行研究，如徐寿福（2009）从定向增发折价的视角研究大股东利益输送问题，他发现，大股东参与的定向增发折扣率更高，并且大股东认购比例越高以及大股东认购比例与原持股比例的差额越大，定向增发的折扣率越高，他在文中利用大股东成本收益以及大小股东利益分离程度的观点对此进行解释。徐斌、俞静（2010）认为，定向增发折价不存在大股东利益输送行为，他们研究投资者情绪和大股东利益输送对定向增发折价的影响，发现投资者情绪乐观时二级市场股价偏高，使得定向增发折价程度更大，所以，得出定向增发的折价只是受到投资者情绪影响的结论，与他们研究结论相似的还有卢闯等（2011）也发现投资者情绪影响定向增发折价。

关于定向增发公告效应的研究具有代表性的是鲁克（1989），他发现定向增发存在着正的公告效应（定向增发的超额收益率为4.5%，而公开增发为-3%），会引起股东财富和公司价值的增加，作者通过回归模型分析认为定向增发会增加股权的集中度，使股东与公司的利益更加一致，从而能够减轻代理问题，提升公司的价值。赫策尔和史密斯（1993）研究定向增发中的股东收益和市场发行折价问题，赫策尔和史密斯也发现，定向增发存在正公告效应，而且他们认为这种正公告效应是因为对于公司未来业绩的良好预期，并且定向增发传达了企业价值被低估的信号，可以解决 Myers 和 Majluf（1984）提出的投资不足问题。赫策尔、莱蒙、林克和里斯（2002）、布鲁克斯和格鲁厄姆（2005）等也发现了定向增发正公告效应的存在。国内学者也发行了中国上市公司定向增发存在正公告效应，如章卫东（2007）发现定向增发新股会获得正的财富效应，徐寿福（2010）也发现定向增发平均累计超额收益率在定增预案公告日前一周时间达到 7.6%。

国外学者广泛关注定向增发折价、业绩表现等问题，对于定向增发中的大股东利益输送问题研究较少，只有 Baek、Kang 和 Lee（2006）研究韩国财团定向增发中的大股东利益输送问题，他们发现，财团会参与到定向增发的内部交易中，从而使得控股股东获益，存在"隧道"挖掘行为。他们还发现，财团与其他类型发行人相比，在定向增发中能够获得更高的超额收益率。而国内学者研究较多的是关于定向增发中大股东掏空行为，目前基本可以分成两种观点：

一部分学者认为，定向增发中存在大股东掏空行为，如朱红军、何贤杰和陈信元（2008）通过单一案例研究的形式发现，上市公司利用操纵盈余、注入不良资产或增发后高额分红等方式从上市公司攫取利益，极大地损害了中小股东的利益，他们认为，这主要是由于定向增发监管制度尚不完善，大股东在增发过程中存在机会主义行为，缺乏对大股东的制度约束，定向增发没能实现大小股东之间的利益协同。张鸣、郭思永（2009）的研究证实了大股东通过定向增发转移上市公司财富。他们也认为，大股东机会主义行为是影响定向增发的重要因素，而且转移财富的程度取决于大股东的认购比例和增发的折价水平，而且他们还发现大股东不同的认购方式带来不同的市场反应。徐寿福（2009）、章卫东（2010）、王志强等（2010）也认为，在定向增发中，上市公司向大股东输送利益，定向增发存在"寻租"行为。赵玉芳等（2011）通过大样本研究证实了上市公司定向增发后通过现金分红方式攫取利益，损害中小股东利益。大股东通过定向增发掏空上市公司的路径和方式可以归纳为图 4-1。

但也有学者对此持反对观点，他们认为，定向增发中不存在大股东掏空行为。如徐斌、俞静（2010）认为，定向增发折价不存在大股东利益输送行为，定向增发的折价只是受到投资者情绪影响，卢闯等（2011）也发现投资者情绪影响定向增发折价，邓路等（2011）通过研究定向增发后的经营业绩，发现大股东以资产认购和以现金认购相比，前者在增发后的经营业绩更好，他们认为，大股东通过注入优质资产改善了上市公司的业绩，而否定了大股东在定向增发过程中掏空上市公司利益的行为存在。由此可见，针对中国上市公司定向增发问题的研究，一个关键问题是大股东是否通过参与定向增发攫取利益，那么定向增发是否能够提高上市公司投资效率是不是也与大股东参与有关？大股东应该怎样定位自己的角色，是让中小投资者闻之色变，还是给中小投资者留下"路见不平拔刀相助"的好汉形象？对于这些问题的回答，我们需要对定向增发公司的投资效率进行检验。有学者研究过大股东控制与投资效率之间的关系，如冉茂盛等（2010）发现大股东控制与投资效率之间存在"激励效应"和"损耗效应"，但后者程度更强，大股东会通过操纵董事会、控制独立董事比例、侵害债权人利益等方式做出符合其自身利益的非效率投资决策。叶松勤、徐经长（2013）从投资效率的视角研究大股东和机构投资者的治理效应，他们得出结论为在股权集中、一股独大的背景之下，机构投资者能够抑制大股东的非效率投资行为，但他们也进一步发现，这种抑制作用在不同的产权背景下存在程度偏差，国有控股上市公司中，机构投资者发挥的作用有限。本书研究的特色在于将定向增发公司作为研究样本，探寻定向增发公司的投资效率以及大股东参与对投资效率的影响，并进一步进行特征解析。

图 4 - 1　定向增发中大股东攫取利益的方式和路径

二　假设提出

我国上市公司股权结构的特点之一是股权集中，定向增发后，股权结构往往更为集中（特别是控股股东参与的定向增发），控股股东和中小股东之间的代理问题将更加严重，控股股东存在动机并会尽可能采取各种手段侵害中小股东利益，如已经被学者验证的上市公司在定向增发之前通过盈余管理的手段向控股股东输送利益（章卫东，2010）。另外，在定向增发过程中控股股东通过输送劣质资产、关联交易等方式进行利益输送，定向增发后通过高额现金分红、大量减持股票赚取差价等方式进行利益输送（如朱红军等，2008；赵玉芳等，2011），无论利益输送是在定向增发前、中、后哪个环节，其最终结果必将影响增发公司的投资效率，影响公司的业绩表现及公司价值最大化目标的实现。在所有权集中的前提下，当控制权和现金流权分离时，控股股东为获取控制权私人收益存在强烈动机侵害中小股东的利益，进行非效率投资，使公司投资行为与公司价值最大化目标发生偏离，即大股东投资的利益取向与企业价值不一致，定向增发后股权更加集中，控股股东会通过无效率投资为自己进行利益输送做准备。所以，本书提出假设 H1：

H1：与定向增发之前相比，定向增发之后的上市公司非投资效率更严重。

另外，从理性经济人假设出发，大股东参与定向增发是为了追求自身利益最大化，上市公司在大股东超强控制之下，其行为决策是大股东意志的真实体现，从理论上讲，如果公司价值为 V，定向增发募集资金为 E，大股东持股比例为 α，大股东认购比例为 β，但是，由于定向增发的股份具有锁定期，会给大股东带来一定的资产流动性损失，这种损失是认购比例 β 的增函数，记为 $F(\beta)$，只要 $I = \alpha \times V - \beta \times E - F(\beta)$ 大于零，大股东就会选择参与定向增发。大股东参与定向增发的目的通常有两种：一种是资产上市动机，即如果大股东掌握较多的非上市资产，参与定向增发可以实现非上市资产的整体上市，从而获得市场估值，实现价值增值；另一种是维持控制权动机，即通过定向增发维持自身的控制权地位，享有更高的控制权收益。定向增发中，无论是资产上市动机，还是维持控制权动机，大股东更加关注自身的利益，甚至会在两类动机的驱使之下侵害中小股东利益，对于定向增发后公司的未来发展及投资关心甚少，表现出更大程度的非效率投资行为。所以，本书提出假设 H2：

H2：上市公司定向增发的投资效率与大股东是否参与大股东认

购比例有关，大股东参与的定向增发与大股东不参与的定向增发相比，前者会导致更大程度的非效率投资，大股东认购比例越高，非效率投资越严重。

进一步对定向增发公司的投资效率特点进行分析，根据产权性质，上市公司可以分为国有控股公司和非国有控股公司，这两类公司在激励约束条件下都存在显著差别，所以有必要在研究时加以考虑，由于在中国，不同产权性质的公司面临不同的融资约束，国有产权公司由于能够得到政府在政策和财政上的更多支持，融资约束程度小，他们能够比较容易地得到财政补贴，也能以更优惠的利率和条件从银行贷款。在股权融资上，国有控股公司也能更容易地实现定向增发，便利的融资渠道和较小的融资约束使得国有控股公司在定向增发后，往往会进一步关注增加就业、发展经济、领导政绩等多元化目标，而不仅仅是公司价值最大化的目标，而为了完成这些多元化目标，国有控股公司会通过无效率扩大投资规模实现，所以，本书提出假设 H3：

H3：与非国有控股公司相比，国有控股公司定向增发之后的非效率投资更严重，而且表现为投资过度。

第二节　研究设计

一　投资效率估计

本书借鉴理查森（Richardson，2006）的模型估计上市公司的投资效率，之所以采用理查森（2006）的模型，主要在于该模型使用一系列影响公司投资效率的因素解释公司的新增投资，使用回归得到的残差来判断每个公司的非效率投资程度，残差 ε 表示实际投资与预计投资之间的差额或偏离，残差为正代表投资过度（over - I），over - I 越大，表示投资过度程度越大；残差为负代表投资不足（under - I），under - I 越小（under - I 绝对值越大），表示投资不足程度越严重，也就是投资偏离度越大，投资过度或者投资不足的程度越大，表明公司的投资决策非理性越严重。

本书构建如下模型来估计定向增发公司的投资效率，具体变量解释见表 4 - 1。

表 4 - 1　　　　　　　　变量定义（投资效率估计模型）

变量名	具体解释
$I_{i,t}$	第 i 家公司第 t 期的投资水平，即新增的投资支出，为构建固定资产、无形资产和其他长期资产支付的现金、公司进行权益性投资和债权性投资支付的现金以及购买和处置子公司及其他营业单位所支付的现金之和，经总资产标准化处理
$Cash_{i,t-1}$	第 i 家公司第 t-1 期的现金持有，用现金与短期投资之和表示，经总资产标准化处理
$Size_{i,t-1}$	表示公司的规模，用总资产的自然对数表示
$Lev_{i,t-1}$	第 i 家公司第 t-1 期的资产负债率，为负债总额与总资产的比率
$Growth_{i,t-1}$	第 i 家公司第 t-1 期的销售收入增长率或 $TOBINQ$ 值（稳健性检验）
$Return_{i,t-1}$	第 i 家公司第 t-1 期以月度计算的股票年收益率
$Invest_{i,t-1}$	第 i 家公司第 t-1 期的投资水平，具体同上
$Age_{i,t-1}$	公司上市年限
year	年度虚拟变量，用于控制宏观经济的影响，本书时间跨度 4，设置三个年度虚拟变量
Industry	行业虚拟变量，用于控制行业因素，共 22 行业，设置 21 个行业虚拟变量

$$I_{i,t} = \alpha_0 + \alpha_1 Cash_{i,t-1} + \alpha_2 Size_{i,t-1} + \alpha_3 Lev_{i,t-1} + \alpha_4 Growth_{i,t-1} +$$

$$\alpha_5 Return_{i,t-1} + \alpha_6 Invest_{i,t-1} + \alpha_7 Age_{i,t-1} +$$

$$\sum Year + \sum Industry + \varepsilon_i \qquad (4.1)$$

在对定向增发公司的投资效率进行估计时，由于模型 1 右侧含有一阶滞后项，可能产生内生性，使用 OLS 估计可能使结果存在偏误，本书参照 Arellano 和 Bover（1995）的研究解决这一问题，即采用一步系统广义矩（One - Step System，GMM）方法对模型进行估计，该方法可以有效解决变量之间的内生性问题，比一阶差分方法更有效，而且该方法适用于时间跨度不长的数据，符合本书的数据特征。

二 变量定义

为了验证定向增发前后的投资效率表现，设计模型（4.2）：

$$I^{\varepsilon}_{new,t} = \beta_0 + \beta_1 BA + \beta_2 FCF_{i,t} + \beta_3 lev_{i,t} + \beta_4 occupy_{i,t} +$$
$$\beta_5 ROA_{i,t} + \beta_6 M\_fee_{i,t} + \beta_7 ratio_{i,t} +$$
$$\sum year + \sum industry + \varepsilon_i \qquad (4.2)$$

为了验证大股东对定向增发投资效率的影响，设计模型（4.3）：

$$I^{\varepsilon}_{new,t} = \beta + \beta_0 Subs_{i,t} + \beta_1 Subs - ratio_{i,t} + \beta_2 FCF_{i,t} + \beta_3 lev_{i,t} +$$
$$\beta_4 occupy_{i,t} + \beta_5 ROA_{i,t} + \beta_6 M\_fee_{i,t} + \beta_7 ratio_{i,t} +$$
$$\sum year + \sum industry + \varepsilon_i \qquad (4.3)$$

为了验证产权性质对定向增发投资效率的影响，设计模型（4.4）：

$$I^{\varepsilon}_{new,t} = \beta_0 + \beta_1 nature_{i,t} + \beta_2 nature_{i,t} \times Subs_{i,t} + \beta_3 FCF_{i,t} +$$
$$\beta_4 lev_{i,t} + \beta_5 occupy_{i,t} + \beta_6 ROA_{i,t} + \beta_7 M\_fee_{i,t} +$$
$$\beta_8 ratio_{i,t} + \sum year + \sum industry + \varepsilon_i \qquad (4.4)$$

表 4 - 2　　　　　　　　　　　变量定义（假设检验模型）

变量类别		名称	具体解释
被解释变量		I^{ε}	投资过度（大于零的回归残差）或投资不足（小于零的回归残差）
解释变量	1	AB	定向增发前一年和后一年
	2	Subs	大股东是否参与认购的虚拟变量，参与认购取1，否则取0
	3	Subs - ratio	大股东参与认购的比例：大股东认购数量/增发数量
	4	Nature	产权性质的虚拟变量，国有为1，非国有为0
控制变量		Top1	第一大股东持股比例
		FCF	自由现金流，经营活动产生的现金净流量减预计的正常投资额，经总资产标准化
		Lev	资产负债率，负债总额/总资产
		Occupy	大股东占款，其他应收款/总资产
		ROA	总资产报酬率，盈利能力，净利润/总资产平均余额
		M - fee	管理费用/营业收入

被解释变量：I^ε 为公司投资效率，即模型（4.1）回归得到的残差，衡量定向增发公司的非效率投资程度，over - I 越大或 under - I 绝对值越大表示非效率投资程度越严重。

解释变量：AB 表示定向增发前后，定向增发前一年定义为 0，定向增发后一年定义为 1。Subs 衡量大股东参与定向增发，参与为 1，不参与为 0，根据前面理论分析大股东参与定向增发通常会导致更大程度的非效率投资；Subs - ratio 表示大股东参与认购定向增发股份的比例，比例越大则非效率投资程度越大，所以，本书在模型（4.4）中引入 Subs 和 Subs - ratio 来验证假设 H2。Nature 衡量产权性质，国有控股公司和非国有控股公司定向增发的投资效率表现有所不同，同时大股东是否参与对于两类公司的投资效率影响也不同，所以，本书在模型（4.3）中引入交互项 Subs × nature。同时，本书借鉴理查森（2006）、辛清泉等（2007）的研究，将第一大股东持股比例（Top1）、自由现金流（FCF）、资产负债率（Lev）、大股东占款（Occupy）、总资产收益率（ROA）、管理费用率（M - fee）作为控制变量，一般认为，第一大股东持股比例（Hold - ratio）越大，非效率投资程度越大；自由现金流（FCF）会影响公司的投资决策，当公司自由现金流越多时，其非效率投资程度越大；资产负债率（Lev）表示公司的财务杠杆，用来控制债务占比对公司投资的影响，总资产收益率（ROA）表明公司的历史业绩，业绩越好，则投资机会也越多，大股东占款（Occupy）、管理费用率（M - fee）分别用其他应收款占总资产的比例和管理费用占营业收入的比例来表示。此外，模型中还控制了年度和行业效应。

三　数据来源与样本选择

本部分以 2009—2012 年期间实施定向增发的 A 股上市公司作为研究样本，主要数据来源于 CSMAR 数据库，个别缺失数据来源于 WIND 资讯金融终端，同时对样本做如下处理：（1）剔除了所有变量缺失的样本；（2）剔除金融类上市公司样本；（3）剔除资产负债率大于 100% 的样本；（4）由于 GMM 模型需要每家公司有连续三年的数据，因此剔除无连续三年数据的样本。最终得到 509 个样本观测值。具体样本公司年度分布如表4-3所示。

表4-3 样本公司年度分布

年度	2009	2010	2011	2012
样本数量	97	134	154	124

第三节 实证过程

一 描述性统计

表4-4是变量的描述性统计结果，过度投资和投资不足的样本观测值分别为169和340，占总样本的比例分别为33.2%和66.8%，定向增发公司过度投资的均值（中位数）为0.7425（0.273），投资不足的均值（中位数）为-0.369（-0.350），说明定向增发公司投资不足占比较大，但投资过度公司的非效率投资程度更严重。另外，Block均值为43.8%，说明将近一半的公司大股东参与了定向增发，其认购比例较高，均值为56.8%，很多公司定向增发股份都由大股东100%认购。样本中48.3%的公司为国有控股公司，非国有控股公司占51.7%，略高于国有控股公司。另外，所有变量的方差膨胀因子均小于2，说明解释变量之间不存在多重共线性，但限于篇幅相关性检验的表格并未列出。

表4-4 描述性统计

	均值	中位数	标准差	最大值	最小值	样本数
I^e	0.493	0.325	0.862	10.580	0.000	509
over-I	0.7425	0.273	1.413	10.580	0.000	169
under-I	-0.369	-0.350	0.277	0.000	-3.840	340
Block	0.438	0.000	0.497	1.000	0.000	509
B-fraction	0.568	0.500	36.853	100.000	3.230	223

续表

	均值	中位数	标准差	最大值	最小值	样本数
Nature	0.4833	0.000	0.500	1.000	0.000	509
Top1	0.377	0.360	16.445	85.230	6.690	509
FCF	-0.040	-0.014	0.288	0.840	-5.710	509
Lev	0.515	0.515	0.185	0.980	0.050	509
Occupy	0.020	0.010	0.031	0.310	0.000	509
ROA	0.040	0.035	0.052	0.230	-0.430	509
M-fee	0.081	0.065	0.085	1.450	0.000	509

二　定向增发前后的投资效率表现

关于模型（4.2），定向增发前后投资效率表现，本书首先采用单变量分析，具体见表4-5。

表4-5　　　单变量分析——定向增发前后的投资效率表现

时点	-1	0	1
投资效率均值（N=509）	0.344	0.339	0.493
配对样本T检验结果	(-1, 0)	(-1, 1)	(0, 1)
均值	0.004	-1.496	-1.540
T值及相应概率	0.079	-2.802***	-2.850***

注：***表示在1%的水平上显著相关。

本书借鉴事件研究法对于时点的处理思路，将定向增发当年设定为T=0，前一年设定为T=-1，后一年设定为T=1，考虑到数据的可获得性，本书只研究了定向增发前后一年的投资效率表现，未来可以进一步做更长时间的观测。从定向增发前一年、当年及后一年的投资效率表现来看，投资效率均值分别为0.344、0.339和0.493，非效率投资在定向增发后有恶化趋势，定向增发前一年与定向增发后一年相比，投资效率均值差为-1.496，T值为-2.802，在1%水平上显著，定向增发当年与定向增发后一年相比，投资效率均值差为-1.540，T值为-2.850，在1%水平上显著，说明定向增发之后，投资偏离度更大，非效率投资更加严重。这是一个有趣的问题，定向增发之后公司的现金流更充足，治理效率更高，投资效率的表现应该更好，为什么却在定向增发之后出现了更严重的非效率投资，这种非效率投资到底是投资不足还是投资过度呢？本书接下来使用 OLS 回归分析方法做进一步检验，同时将样本分组，考察非效率投资的特点。

表 4 - 6　　　　　回归结果——定向增发前后的投资效率表现

	全样本	Under - I 投资不足	Over - I 投资过度
常数	0.524 ***	0.422 ***	0.677 *
	(4.953)	(13.296)	(1.810)
BA	0.087 ***	0.118 ***	0.087
	(2.811)	(3.683)	(1.575)
Top1	0.050	− 0.023	0.062
	(1.580)	(− 0.706)	(1.111)
FCF	0.127 ***	0.064 *	0.024
	(4.026)	(1.894)	(.441)
Lev	− 0.075 **	− 0.510 ***	0.301 ***
	(− 2.092)	(− 15.885)	(5.347)
Occupy	0.044	0.245 ***	− 0.098
	(1.379)	(6.491)	(− 1.635)
ROA	0.025	0.041	0.021
	(0.583)	(0.888)	(0.350)
M - fee	0.082 **	0.235 ***	− 0.012
	(2.130)	(5.639)	(− 0.213)
year	Control	Control	Control
Industry	Control	Control	Control
N	1018	647	310
调整的 R^2	0.035	0.359	0.117
F 值	5.178 ***	51.057 ***	5.760 ***

注：*** 表示在 1% 的水平上显著相关，** 表示在 5% 的水平上显著相关，* 表示在 10% 的水平上显著相关，括号内是 T 值，并经 Whilte 异方差调整。

从多变量回归结果来看，定向增发后一年与定向增发前一年相比，非效率投资更加严重，如表 4 - 6 所示，BA 回归系数在 1% 水

平上显著，验证了前文提出的假设 H1，同时 FCF、Lev、M－fee 也
分别在 1%、5%、5% 水平上显著，其中 FCF 和 M－fee 与投资效率
呈正相关，表明自由现金流越多管理费用率越高，公司越存在非效
率投资倾向，这与前面的理论分析相一致，财务杠杆 Lev 就越小，
公司非效率投资越大，公司定向增发后，充实股权资金，往往使得
资产负债率下降，杠杆比率的下降也说明公司可支配资金的增加，
非投资效率更加严重，定向增发后公司现金流充裕，管理费用支出
占比较大，上市公司更有动机和条件进行非效率投资。根据前文的
分析，为进一步分析非效率投资的特点，将样本分为投资不足组和
投资过度组，分别进行回归。研究发现对于投资不足组（647 家），
定向增发前后回归系数显著为正，T 值为 3.683，在 1% 水平上显
著，表明定向增发之后上市公司更显著的表现为投资不足现象，进
一步的分析发现自由现金流 FCF 越多，投资不足越严重，Lev 就越
小，公司可支配资金越多，投资不足越严重，也就是说虽然现金充
足，但却出现投资不足现象，不是正常情况下的公司现金流充裕过
度投资而导致的非效率投资，进一步的分析发现，公司大股东占用
资金越多，即 Occupy 越大，投资不足程度越严重，由此不难看出大
股东的别有用心，而投资过度组（310 家）进行回归，系数并不显
著，并没有发现定向增发之后过度投资越严重。可见，大股东会影
响定向增发的投资效率，为了进一步检验大股东的影响，根据前文
理论分析，引入大股东是否参与变量，检验模型（4.3）。

三　大股东是否参与定向增发对投资效率的影响

为了验证大股东是否参与对定向增发投资效率的影响，即根据
模型 4.3 验证假设 H2，具体如表 4－7 所示，同样将全样本分为投
资不足和投资过度，分别考察大股东的影响。

表 4－7　　　　大股东是否参与定向增发对投资效率的影响

	全样本		Under－I 投资不足		Over－I 投资过度	
常数	0.333 *	0.720 ***	0.562 ***	0.636 ***	0.387	1.013
	(1.904)	(2.808)	(10.980)	(9.703)	(.728)	(1.034)

续表

	全样本		Under – I 投资不足		Over – I 投资过度	
Subs	0. 117 **		0. 137 ***		0. 053	
	(2. 168)		(2. 912)		(0. 689)	
Subs – ratio		0. 318 ***		0. 196 **		0. 132
		(3. 446)		(2. 215)		(0. 878)
Top1	0. 041	– 0. 108	0. 027	– 0. 078	0. 123	– 0. 161
	(0. 864)	(– 1. 325)	(0. 628)	(– 0. 880)	(1. 548)	(– 1. 049)
FCF	0. 080 *	0. 316 ***	0. 655 ***	0. 008	0. 260 ***	0. 563 ***
	(1. 771)	(4. 581)	(16. 469)	(0. 106)	(3. 309)	(4. 577)
Lev	– 0. 048	– 0. 103 *	– 0. 337 ***	– 0. 585 ***	– 0. 087	– 0. 077
	(– 0. 889)	(– 1. 922)	(– 6. 761)	(– 6. 507)	(– 0. 981)	(– 0. 563)
Occupy	0. 053	0. 130 *	0. 122 ***	0. 104	0. 124	0. 213 *
	(1. 157)	(1. 900)	(2. 546)	(1. 375)	(1. 621)	(1. 792)
ROA	0. 097 *	0. 015	0. 014	– 0. 089	0. 080	0. 059
	(1. 873)	(0. 196)	(0. 299)	(– 0. 991)	(0. 943)	(0. 450)
M – fee	0. 095 **	0. 041	0. 136 *	– 0. 020	– 0. 025	0. 179
	(2. 007)	(0. 577)	(1. 698)	(– 0. 260)	(– 0. 578)	(1. 359)
year	Control	Control	Control	Control	Control	Control
Industry	Control	Control	Control	Control	Control	Control
N	509	223	340	156	169	67
调整的 R^2	0. 034	0. 125	0. 501	0. 272	0. 129	0. 320
F 值	2. 503 *	4. 378 ***	47. 673 ***	7. 900 ***	3. 407 ***	3. 971 ***

注：*** 表示在1% 的水平上显著相关，** 表示在5% 的水平上显著相关，* 表示在10% 的水平上显著相关，括号内是 T 值，并经 Whilte 异方差调整。

从表4 – 7 可以看出，大股东是否参与认购与投资效率关系显著，证实了前文的假设 H2，大股东参与定向增发会导致更大程度的非效率投资，系数为0. 117，在5% 水平上显著，同时大股东认购的比例（Subs – ratio）越大，非效率投资的程度越大，在1% 水平上显著正相关，而大股东不参与定向增发，其非效率投资程度越小，主要原因在于大股东不参与定向增发时定向增发多数是面向机构投资者，机构投资者具备专业能力和资源优势，能够约束大股东的机会主义行为，相比于大股东参与定向增发，大股东不参与定向增发组机构投资者发挥作用的空间更大，机构投资者能够积极参与公司治理，提高自身的投资权益，从而改善公司治理水平，提高公司决策的质量，抑制或缓解大股东的非效率投资。分组样本研究发现，对于投资不足组，大股东是否参与及大股东参与定向增发时的认购比例与投资不足均显著正相关，说明大股东参与定向增发后会导致公司进一步的投资不足，如果认购比例高，投资不足程度更大，但是投资过度组并未发现这种显著关系，如前文所述，大股东参与定向增发的动机更大程度上是为了自身获取资产增值收益或控制权收益，较少关注上市公司的投资，而且大股东存在大量占用上市公司资金的情况，为利益输送做准备（可能存在未来通过大量分红转移资金的情况，可以做进一步研究），从而导致定向增发后更大程度的非效率投资。

四　定向增发公司产权性质对投资效率的影响

关于产权性质，本书借鉴国泰安数据库的分类方法，根据最终控制人性质区分定向增发公司产权性质，国有为 1，非国有为 0；在引入产权性质特征的同时，本书还引入产权性质（Nature）和大股东是否参与（Susb）的交乘项进一步分析大股东参与对不同产权性质定向增发公司的影响。

表 4 - 8　　　　　定向增发公司产权性质对投资效率的影响

产量	全样本		Under - I 投资不足		Over - I 投资过度	
常数	0.342 *	0.337 *	0.56 ***	0.568 ***	0.457	0.389
	(1.964)	(1.933)	(11.153)	(11.143)	(0.865)	(0.731)
Nature	0.135 *		− 0.039		0.136 ***	
	(1.799)		(− 0.864)		(3.400)	
Subs × nature		− 0.013		0.05		− 0.043
		(− 0.281)		(1.211)		(− 0.566)
Top1	0.052	0.048	0.017	0.026	0.155 *	0.137 *
	(1.106)	(1.023)	(0.415)	(0.623)	(1.965)	(1.744)

续表

产量	全样本		Under－I 投资不足		Over－I 投资过度	
FCF	－ 0.076 *	－ 0.078 *	－ 0.662 ***	－ 0.655 ***	0.265 ***	0.264 ***
	（ － 1.681）	（ － 1.720）	（ － 16.954）	（16.524）	（3.410）	（3.356）
Lev	－ 0.04	－ 0.046	－ 0.365 ***	－ 0.344 ***	－ 0.066	－ 0.076
	（ － 0.734）	（ － 0.849）	（ － 7.339）	（ － 6.861）	（ － 0.755）	（ － 0.857）
Occupy	0.052	0.054	0.037	0.028	0.131 *	0.134 *
	（1.131）	（1.180）	（0.920）	（0.679）	（1.727）	（1.747）
ROA	0.094 *	0.093 *	0.006	0.013	0.063	0.072
	（1.833）	（1.809）	（0.138）	（0.285）	（0 743）	（0.842）
M－fee	0.094 **	0.094 **	－ 0.020	－ 0.025	0.140 *	0.132
	（2.000）	（1.984）	（ － 0.484）	（ － 0.577）	（1.769）	（1.656）
year	Control	Control	Control	Control	Control	Control
Industry	Control	Control	Control	Control	Control	Control
N	509	509	340	340	169	169
调整的 R²	0.035	0.034	0.517	0.502	0.144	0.128
F 值	2.593 **	2.494 **	50.738 ***	47.854 ***	3.858 ***	3.382 ***

注： *** 表示在1%的水平上显著相关， ** 表示在5%的水平上显著相关， * 表示在10%的水平上显著相关，括号内是 T 值，并经 Whilte 异方差调整。

研究发现，国有控股公司定向增发后的非效率投资更严重，如前文所述，国有控股公司能够较容易地获得政府在财政和政策上的支持，其控制权掌握在政府手中，受到较多的政府干预，存在比较严重的政府代理问题，存在多元化的目标，而非国有控股公司受到政府的直接控制和干预较少，其行为更加市场化，所以定向增发后的投资效率相比较国有控股公司而言更高，但是交乘项的回归结果并不显著，即本书并未发现大股东是否参与国有控股公司的定向增发与投资效率之间的显著关系。但是，分组样本结果显示，国有控股公司定向增发表现为投资过度，系数为 0.136，在 1% 水平上显著，交乘项系数为 － 0.043，统计不显著，说明大股东参与国有控股公司定向增发会缓解其投资过度，但是，本书并未发现交乘项与投资不足的显著关系，回归结果表明，公司投资行为受到产权性质的制约，在不同产权属性的治理环境中定向增发的投资效率表现不同，而且大股东发挥的作用也不同。

五　稳健性检验

为了验证前文研究结论的可靠性，本部分进行了如下稳健性检验：首先采用 TOBINQ 值衡量公司的成长性，替代前文的营业收入增长率，结果仍未改变；其次参考辛清泉（2007）的研究，由于使用残差衡量非效率投资程度存在系统性偏差，本书根据残差大小进行分组，将残差最大组和残差最小组分别作为投资过度组和投资不足组进行回归，删除残差居中组，结论与前文一致；另外，在对模型（4.3）进行检验时，由于有些上市公司定向增发是既面向大股东又面向机构投资者，为了使研究更加纯净，稳健性检验中剔除了这样的公司（207 家），即只保留增发对象仅是大股东或者仅是机构投资者的样本，研究结论不变；最后，本书研究样本时间为2009—2012 年，在本书写作期间大部分上市公司 2015 年的财务数据可以查到，本书以 2009—2014 年的数据可得的定向增发公司为样本重新进行了回归分析，结论与前文无实质性差异。

第四节　总结

本章检验了定向增发公司的投资效率，得到的基本结论如下：定向增发后公司的非效率投资更严重，定向增发没能如预期那样提高公司的投资效率，而且进一步研究发现这种非效率投资表现为投资不足，也就是说虽然现金流更充足但上市公司却投资不足，同时，发现大股东越是占用上市公司资金，投资不足的程度越大，说明上市公司定向增发后的非效率投资行为与大股东相关。于是本书继续研究大股东参与定向增发与否及认购效率与投资效率的关系，发现大股东参与定向增发会导致更大程度的非效率投资，而且大股东的认购比例越大，非效率投资的程度越大。分组样本研究发现，大股东的参与会导致投资不足，但不会导致投资过度。本书认为，这样的研究结论说明大股东是为向自己输送利益做准备，并不关心公司的投资以及未来的发展。本书还研究了产权性质对定向增发投资效率的影响，发现国有控股公司在定向增发后的非效率投资程度更大，而且表现为投资过度，但是，大股东参与的国有控股公司定向增发能够缓解其投资过度，非国有控股公司定向增发表现为投资不足，但统计上并不显著。本书从投资效率的视角进一步证实了定向增发大股东掏空行为的存在，同时发现了不同产权性质的大股东对定向增发投资效率的影响存在差异的经验证据，不仅深化了定向增发和投资效率的研究，而且对证券监管部门监督大股东行为具有现实指导意义。

第五章　定向增发公司业绩表现

第一节　定向增发公告效应

一　样本选取

定向增发在股权分置改革之后的证券市场上得到广泛的运用，在后股权分置时代成为上市公司股权再融资的主流模式，从定向增发计划推出的时间来看，虽然第一例定向增发早在 2006 年 2 月就已经完成了，但是规范的定向增发法规《上市公司证券发行管理办法》是从 2006 年 5 月 8 日起正式实施的，因此本书选择 2006 年 5 月 8 日至 2015 年 6 月 30 日沪深两市实施定向增发的上市公司为样本。根据研究需要按照以下标准对样本进行筛选：

（1）本书研究的样本针对的是上海证券交易所和深圳证券交易所上市公司 A 股定向增发，不包括 B 股和 H 股，且增发公告日在 2006 年 5 月 8 日至 2015 年 6 月 30 日的上市公司。

（2）除金融类上市公司公告定向增发的样本，因为金融类上市公司与非金融类上市公司的经营范围和采用的会计准则均不一样。

（3）剔除定向增发新股公告期间有重大事件发生的样本，因为公司重大事件的公告会影响累计超额收益率（CAR）。

（4）对于多次定向增发的公司选择其第一次公告做样本。

（5）剔除财务数据和金融交易数据无法获得的样本。

经过筛选，最终得到 2611 个定向增发的样本数据，如表 5 - 1 所示。

表5–1 定向增发样本市场及年度分布

	市场及年度分布									
交易所	2006 年	2007 年	2008 年	2009 年	2010 年	2011 年	2012 年	2013 年	2014 年	2015 年
上交所	30	99	60	55	62	98	101	141	367	652
深交所	13	50	41	53	91	73	54	140	121	310
总计	43	149	101	108	153	171	155	281	488	962

注：年度分布以预案公告日为准进行统计。

二 平均超额收益率

表5–2列出了窗口（–10，10）每日的平均超额收益率（AR_t）及累计超额收益率（CAR_t）的数据，并对 AR_t 做了统计检验，图5–1显示了 AR_t 的变化。

从表5–2中可以看出定向增发公告日（即 t = 0 日）的平均超额收益率为0.60%，t检验值为1.98，t检验的双尾分布P值为0.05，说明定向增发公告日的平均超额收益率显著异于0，且呈现正效应，定向增发公告当日引起市场积极反应。从图5–1中可以很直观地看出这一特点，公告当日（t = 0）AR迅速上扬，公告前AR线在零轴以上波动，公告后至零轴以下波动，直到第7日又重新回到0附近。同时也发现，在公告前一个交易日和后一个交易日的AR为0.10%和0.14%，统计上不显著异于0，这也在某种程度上说明定向增发公告前定向增发再融资消息并没有泄露到市场上，市场只在公告当日才做出反应。

从表5–2中的P值可以看出AR的显著性，在10%水平上显著的有 t = –6、t = –2 和 t = 0 三日，在5%水平上显著的有 t = 5 日，在1%水平上显著的是 t = –5、t = –4、t = –3 三日，选取窗口（–2，0）为公告期应该是可行的，窗口中包括7个显著日当中的两个。

表5–2 定向增发公司平均超额收益率（AR_t）及其统计检验

t	AR_t（%）	中位数（%）	标准差	t 值	P 值	CAR_t（%）
–10	0.19	–0.18	0.03	1.06	0.29	0.19
–9	0.14	–0.22	0.03	0.76	0.45	0.33

续表

t	AR$_t$（%）	中位数（%）	标准差	t 值	P 值	CAR$_t$（%）
-8	0.27	-0.11	0.03	1.53	0.13	0.60
-7	0.31	-0.02	0.03	1.62	0.11	0.91
-6	0.47*	-0.44	0.03	2.25	0.02	1.38
-5	0.76***	0.23	0.03	3.79	0.00	2.13
-4	0.87***	0.08	0.04	4.04	0.00	3.01
-3	0.92***	0.05	0.03	4.53	0.00	3.92
-2	0.38*	-0.12	0.03	1.89	0.06	4.30
-1	0.10	-0.51	0.03	0.48	0.63	4.40
0	0.60*	0.10	0.05	1.98	0.05	5.00
1	0.14	-0.55	0.04	0.52	0.60	5.14
2	-0.18	-0.67	0.04	-0.79	0.43	4.96
3	-0.21	-0.62	0.03	-1.04	0.30	4.75
4	-0.14	-0.51	0.03	-0.79	0.43	4.61
5	-0.38**	-0.47	0.03	-2.18	0.03	4.23
6	-0.09	-0.30	0.03	-0.59	0.55	4.14
7	0.08	-0.24	0.03	0.47	0.64	4.22
8	-0.22	-0.70	0.03	-1.28	0.20	4.00
9	0.17	-0.31	0.03	0.83	0.41	4.17
10	0.01	-0.23	0.03	0.08	0.94	4.18

　　注：表中 t 表示 AR 的双尾检验 t 值，P 值表示 t 检验的双尾分布概率。* 表示显著性水平为 10%，** 表示显著性水平为 5%，*** 表示显著性水平为 1%。

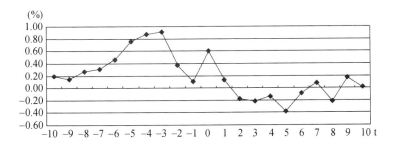

图 5-1　定向增发公司平均超额收益率（AR$_t$）变化趋势

三 累计平均超额收益率和公告效应

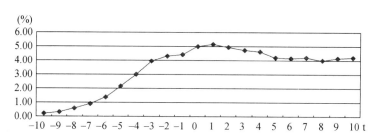

图 5 - 2　定向增发公司累计超额收益率（CAR_t）变化趋势

从图 5 - 2 中可以看出，整体上定向增发公司累计超额收益率 CAR_t 均大于 0，定向增发公告前，CAR_t 一直呈现上升趋势，在 0 点左右达到最高，约 5%，公告后小幅下降，但平均仍在 4% 附近。

以公告期（-2，0）来衡量公告效应就是计算这个窗口内累计超额收益率（CAR_t），具体见其描述性统计表 5 - 3。

表 5 - 3　　　　　　　定向增发公司公告效应描述性统计

公告期 （-2，0） 的 CAR_t	均值	中值	最小值	最大值	标准差	t 值	P 值	样本容量
	1.08%	0.62%	-13.86%	19.93%	0.06	2.97	0.00	276
	小于 0 的样本数		小于 0 的样本比例		大于 0 的样本数		大于 0 的样本比例	
	1201		46%		1409		54%	

表 5 - 3 列出了定向增发样本容量为 276，公告前两日和公告当日三天的累计超额收益率均值为 1.08%，t 检验值和其相应的 P 值分别为 2.97 和 0.00，说明公告效应在 1% 水平上显著，表明定向增发存在显著的正效应。另外，公告期内累计超额收益率为正的样本数为 1409，占 54%，负的样本数为 1201，占 46%。

四 不同窗口公告效应比较

为了全面考察定向增发公告对股价的影响，除研究公告效应所取公告期（-2，0）外，还有必要对其他事件窗口进行研究，各窗口的 CAR_t 及相关统计值见表 5 - 4。

表 5 - 4　　　　　　定向增发公司不同窗口 CAR_t 及其统计值

窗口	均值(%)	中位数(%)	标准差	t 值	P 值	<0	≥0	N
(0, 1)	0.74 *	- 0.15	0.07	1.68	0.09	1135	1476	2611
(-1, 0)	0.70 **	0.50	0.06	2.08	0.04	1205	1406	2611
(0, 2)	0.56	- 0.40	0.08	1.10	0.27	1369	1242	2611
(-2, 0)	1.08 ***	0.62	0.06	2.97	0.00	1003	1608	2611
(-1, 1)	- 0.26 *	0.84	0.08	1.81	0.07	1421	1190	2611
(-10, -5)	2.13 ***	0.94	0.08	4.22	0.00	1025	1586	2611
(-10, 0)	5.00 ***	4.59	0.10	8.22	0.00	1048	1563	2611
(-10, 10)	4.18 ***	2.67	0.14	5.10	0.00	1126	1485	2611

注：* 表示显著性水平为 10%，** 表示显著性水平为 5%，*** 表示显著性水平为 1%。

表 5 - 4 列示了 5 个短期窗口和 3 个长期窗口，(0, 1)、(-1, 0)、(0, 2) 等几个短期窗口的累计超额收益率均值普遍大于 0，只有 (-1, 1) 均值为 - 0.26%，并且在统计上都是显著的，只有 (0, 2) 没有通过显著性检验。从累计超额收益率的大小来看，公告期 (-2, 0) 的累计超额收益率为 1.08%，是几个短期窗口中数值最大的，即股价上升幅度大。表 5 - 4 同时列示出了不同事件窗口内样本 CAR 大于 0 和小于 0 的个数，公告期 (-2, 0) 窗口大于等于 0 的样本数为 1608 个，是几个短期窗口中正 CAR 样本数最多的。这也进一步说明本书所选择的 (-2, 0) 的窗口是合理的，较好地体现出了股票市场对定向增发公告的正向反应。

表 5 - 4 也列示了 (-10, -5)、(-10, 0)、(-10, 10) 三个长期窗口的累计超额收益率情况。可以看出三个长期窗口区间都比 (-2, 0) 大，累计超额收益率均值也更大，而且三个窗口均在 1% 水平上显著，表明定向增发公告效应在公告前已经有所表现，不但集中在公告前两天到公告当日区间内，市场对定向增发公告的反应在之前已有所释放，正效应也较为明显。可见，定向增发事件短期内被市场认为是利好事件，市场参与者对上市公司定向增发持欢迎态度。

第二节 定向增发长期业绩表现

证监会 2006 年正式推出定向增发，由于其发行成本低、方式简单、无业绩指标规定等优势，一经推出，立刻受到上市公司的欢迎。根据 WIND 资讯数据库统计，如图 5 - 3 和图 5 - 4 所示，2007—2014 年，共有 1240 家公司成功实施股权再融资，募集资金总额为 21591.34 亿元，其中有 1047 家公司采用定向增发，占比接近 85%，募集资金总额为 16324.12 亿元，占比超过 75%；而同期进行公开增发和配股的公司数量非常少，合计占比约 15%，募集资金总额合计占比约 25%，可见，定向增发已经成为股权分置改革后上市公司的主要再融资方式。中国资本市场的定向增发类似于国外的私募发行，国外学者早在 20 世纪 80 年代就对此展开了研究，形成了丰富的理论成果，主要可以归纳为三个方面：一是关于定向增发折价的研究（Silber，1991；Hertzel and Smith，1993），学者们提出了监督假说及风险补偿假说等；二是关于定向增发公告效应的研究（Wruck，1989；Hertzel and Smith，1993；Hertzel，Lemmon，Linck and Rees，2002；Brooks and Graham，2005），普遍的研究结论为定向增发存在正的公告效应，这与公开增发负公告效应的结论不同，学者们运用监管假说、信息不对称理论及控制权理论进行解释；三是关于定向增发公司业绩的研究，但是结论尚不一致，有学者认为，定向增发后长期业绩上升，如福尔塔和詹尼（2004）、Wruck 和 Wu（2009）；也有学者认为，定向增发后长期业绩下滑，如 Dalia 和 Raj（2007）、Chen 等（2010），他们认为，机会之窗假说和定向增发前的盈余管理可以解释此种现象。目前国内学者对于定向增发折价及公告效应也进行了大量研究，基本上也得出了国内上市公司定向增发存在正公告效应的结论（章卫东，2007；王志彬等，2008），但是，对于定向增发后长期业绩表现的研究文献不多，而且结论不同。其中，邓路等（2011）研究认为，上市公司定向增

发后可以获得长期正的超额收益和良好的业绩表现，但耿建新等
（2011）发现上市公司定向增发后长期业绩表现显著下滑。受到样
本数据的限制，他们的样本期间仅为 2006—2007 年。另外，在研究
方法的使用上，他们仅按照行业、规模的标准选择对照组公司，而
这会导致样本选择偏误的问题，本书的贡献在于，第一，本书采用
新近发展的倾向得分匹配法（Propensity Score Matching，PSM），这
种方法能够克服样本选择偏误，换言之，它能够使我们更加明确地
判断是否由于定向增发而导致了公司业绩的变动，而且本书同时采
用几种匹配方法进行研究，以增强结论的稳健性。第二，中国资本市
场及上市公司的定向增发实践为我们扩大样本期间提供了现实条件，
因此本书以 2007—2010 年实施定向增发的公司作为样本，研究其定
向增发后的长期业绩表现，同时根据大股东是否参与定向增发进行分
组研究，这些都将为蓬勃发展的定向增发理论研究做出增量贡献。

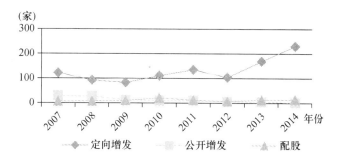

图 5 - 3　2007—2014 年定向增发公司数量

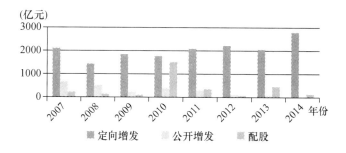

图 5 - 4　2007—2014 年定向增发募集资金总额

一 理论分析与假设提出

公司再融资后长期业绩表现是公司融资理论重要的研究领域，但是，关于定向增发后长期业绩表现国内外学者并没有得出一致的结论，有的学者认为，定向增发后长期业绩提升，如福尔塔和詹尼（2004）以高科技公司为样本研究定向增发后的业绩表现，他们认为，公司通过定向增发可以获得包括资本、研究伙伴以及商业伙伴在内的各种资源，从长期来看，定向增发能够提升公司业绩，并且能够降低信息不对称所导致的风险。Wruck 和 Wu（2009）研究了定向增发公司业绩发现很多投资者在定向增发前就与公司存在关系，定向增发又会形成许多新的关系，如进入公司董事会或与公司成为商业伙伴，他们认为，这种新型关系的形成会导致定向增发的正公告效应，而且新型关系也与定向增发后长期业绩和股票价格表现有关，即使面临更加严格的监督和管制，定向增发仍然可以提高公司经营业绩。但也有学者认为，定向增发后长期业绩存在下滑，如 Dalia 和 Raj（2007）以美国 1980—1998 年向机构投资者定向增发可转债的公司为样本进行研究，发现定向增发后的股票收益率和经营业绩均出现显著下滑现象，他们的研究支持了"机会之窗"假说，认为公司会选择在其证券价格被高估时发行证券。Chen 等（2010）研究表明，上市公司在定向增发前一个季度存在调高盈余的情况，而这会导致定向增发后公司股票业绩和长期经营业绩下滑。国内学者邓路等（2011）使用购买持有超额收益和日历时间组合两种方法计算定向增发后的长期超额收益，发现上市公司定向增发后可以获得长期正的超额收益，并且经营业绩表现也好于配比公司。但耿建新等（2011）发现，上市公司定向增发的长期业绩表现出显著下滑，无论是回报率还是经营业绩均恶化，他们认为，可能的原因是公司未能实现预期的盈利目标。

结合中国上市公司定向增发实践及相关的理论研究，大量的文献表明，上市公司在定向增发中存在着大股东"掏空"行为，如朱红军、何贤杰和陈信元（2008）通过单一案例研究的形式发现上市公司利用操纵盈余、注入不良资产或增发后高额分红等方式从上市

公司攫取利益，极大地损害了中小股东的利益，他们认为这主要是
由于定向增发监管制度尚不完善，大股东在增发过程中存在机会主
义行为，大小股东之间没能实现利益协同所致。张鸣、郭思永
（2009）的研究也认为，大股东通过定向增发转移上市公司财富，
转移财富的程度取决于大股东的认购比例和增发的折价水平。徐寿
福（2009）也从定向增发折价的视角研究大股东利益输送问题，他
发现，大股东参与的定向增发折扣率更高，并且大股东认购比例越
高以及大股东认购比例与原持股比例的差额越大，定向增发的折扣
率越高，他在文中利用大股东成本收益以及大小股东利益分离程度
的观点对此进行解释。章卫东（2010）研究证实了上市公司会在定
向增发前通过盈余管理的方式向大股东输送利益，当增发类型为向
控股股东收购资产型时，上市公司会进行负向盈余管理，以降低新
股发行价格，使控股股东以同样资产换取更多股份，而当增发类型
为面向机构投资者融资时，上市公司会进行正向盈余管理，以抬高
新股发行价格，募集更多资金使大股东财富增值，盈余管理程度与
大股东持股比例呈正相关，这种盈余管理也使得定向增发后公司业
绩下降。王志强等（2010）也认为，在定向增发中，上市公司向大
股东输送利益，定向增发存在"寻租"行为，他们的研究将样本按
照发行对象、大股东认购比例、盈利能力进行分组，结果显示，仅
针对大股东和关联方的发行组，增发折价最大；大股东认购比例越
高发行折价越大，这一研究结论与徐寿福（2009）相同。赵玉芳等
（2011）也证实了上市公司定向增发后通过现金分红方式攫取利益，
损害中小股东利益，同时他们还发现定向增发当年的现金股利发放尤
为多，这会导致随后的公司业绩下降。据此，本书提出如下假设：

　　H1：相比于未进行定向增发的公司，上市公司定向增发后长期
业绩表现不佳。

　　H2：相比于大股东不参与定向增发的公司，大股东参与定向增
发公司的业绩恶化更为严重。

　　二　研究方法

　　根据上市公司是否实施定向增发，本部分将样本分为定向增发

组和未定向增发组，假设 T = 1 是定增组，T = 0 是未定向增发组，Y_1 代表定向增组的长期业绩（本书分别考察长期市场业绩和长期经营业绩），Y_0 代表未定向增组的长期业绩，我们想观测的是定向增发组两种状态下的业绩差异［（即平均处理效应，ATT，Average Effect of Treatment on the Treated）］，即我们只能观测到公司的一种状态，要么实施定向增发，要么没有实施定向增发，如果公司实施定向增发，我们就无法观测到，而如果直接采用观测来推算实施定向增发公司的业绩就会存在较大的误差，以往我们较多地采用这种方式，以行业、公司规模为标准选择对照组（如邓路，2011；耿建新，2011），但这会导致样本选择偏误，因为实施定向增发的公司与未实施定向增发的公司相比，本身就存在很大差异，但是，如果增加匹配特征又会加大对照组选择的难度。

为了克服这种选择偏差，提高匹配效果，尽可能找到与实施定向增发公司样本特征相近的匹配样本，本书采用罗森鲍姆和鲁实（1983）提出的倾向得分匹配方法（PSM）来对此进行研究，PSM 的基本思想是将多个匹配指标换算成倾向得分（Propensity Score），依据倾向得分进行匹配，最终的结果是为 2007—2010 年（本书样本期）实施定向增发公司匹配一组样本期内没有实施定向增发的公司，匹配后的两组公司在可观测到的公司特征上类似。PSM 方法是将多维指标降为单一维度（倾向得分），降低了样本的选择偏误及多维指标寻找对照组样本的难度。

PSM 方法使用的步骤如下：

步骤 1：建立定向增发影响因素的 Logit 模型，具体如式（5.1）所示：

$$p(X) = pr\left[D = 1/X\right] = \frac{\exp(\beta X)}{1 + \exp(\beta X)} \tag{5.1}$$

其中，D 表示指标函数，如果实施定向增发则为 1，否则为 0。X 表示研究选择的特征变量，$P(X)$ 表示每个样本的倾向得分，是实施定向增发的概率，需要根据 Logit 模型来估计。

根据前期文献及相关理论，公司是否选择定向增发受到公司控制权、相关风险及信息不对称等因素的影响，因此本书选择如下变量构建 Logit 模型，具体包括公司控制权的代理变量第一大股东持股比例、前三大股东持股比例及 Z 指数；公司风险因素的代理变量市值账面比、资产负债率、上市年限；信息不对称的代理变量公司规模、定向增发前一年及当年是否债务重组、现金成长性及前一年公司业绩，具体定义如表 5 - 5 所示。

表 5 - 5　　　　　　　　是否实施定向增发的影响因素

序号		变量名称及符号	定义
1		是否定向增发（PP）	虚拟变量，如果公司实施定向增发为 1，否则为 0
2	控制权代理变量	第一大股东持股比例（Top 1）	第一大股东持股数量/公司股份总数
3		前三大股东持股比例（Top 3）	公司前三大股东持股数量/公司股份总数
4		Z 指数（Z）	公司第一大股东和第二大股东持股比例的比值
5	风险因素代理变量	市值账面比（MB）	市场价值/账面价值（市净率指标）
6		资产负债率（Lev）	负债总额/总资产
7		上市年限（Age）	定向增发当年公司的上市年限
8	信息不对称代理变量	公司规模（Size）	公司资产总额自然对数
9		债务重组（CZ）	定向增发前一年及当年是否进行债务重组
10		现金成长性（CASH）	现金/资产总额
11		公司业绩（ROA_{-1}）	定向增发前一年总资产报酬率

步骤 2：为每个实施定向增发公司匹配一个倾向得分最接近的未实施定向增发的公司。

目前匹配方法主要包括最近邻匹配（Nearest Neighbor Matching）、半径匹配（Radius Matching）和核匹配（Kernel Matching）。

最近邻匹配的基本思想是依据所估计的倾向得分，前向和后向寻找与定向增发样本倾向得分最为接近的未定向增发样本进行匹配。设 T 和 C 分别表示定向增发组和未定向增发组的集合，Y_i^T 和 Y_j^C 表示两组的长期业绩，$C(i)$ 表示与定向增发组第 i 个观测值对应的未定向增发组的匹配样本集合，相应的倾向得分为 PS_i。最近邻匹配的匹配原则如式（5.2）所示，即倾向得分之差的绝对值在 i 和 j 之间倾向得分的所有可能配对中最小。

$$C(i) = \min_j \| PS_i - PS_j \| \tag{5.2}$$

半径匹配的基本思想是事先设定半径 r（常数），只要定向增发组样本的倾向得分与未定向增发组样本的倾向得分之差小于 r，此时的未定向增发样本都将选入为匹配样本，匹配原则如式（5.3）所示。

$$C(i) = \{ Ps_j \| PS_i - PS_j \| < r \} \tag{5.3}$$

核匹配的基本思想是，根据距离函数选择匹配样本，然后再根据核函数确定匹配样本权重，最终结果是与定向增发组中的样本匹配的未定向增发样本是依据倾向得分构造的虚拟企业。核匹配的优点是所有定向增发样本都被匹配，所有未定向增发样本的信息都得到充分利用。其中权重的计算方法如下：

$$W_{ij} = G\left[(Ps_j - Ps_i)/h \right] \tag{5.4}$$

其中，W_{ij} 表示针对定向增发组的公司 i，未定向增发组的公司 j 的权重，$G(\cdot)$ Gauss 表示核函数，PS_j 表示未定向增发组中公司 j 的倾向值，PS_i 表示定向增发组中公司 i 的倾向值，h 表示未定向增发组的样本数量。

步骤 3：估算平均处理效应（ATT）

依据所计算出来的权重，就可以计算定向增发组和未定向增发组的长期业绩差异，ATT 的计算公式如下：

$$ATT = \frac{1}{N^T} \sum_{i \in T} \left[Y_i^T - \sum_{j \in C} w_{ij} Y_j^C \right] \tag{5.5}$$

其中，N^T 表示定向增发组的样本数量。

另外，本书采用购买持有收益来计算定向增发组及未定向增发组长期市场业绩，并比较二者的差异，具体如式（5.6）所示：

$$BHR_{i,t} = \prod_{t=1}^{T} (1 + R_{i,t}) \tag{5.6}$$

三 样本选择及实证过程

本书数据主要来自 CSMAR 及锐思数据库，个别缺失数据来自 WIND 资讯金融终端。样本期间为 2007—2010 年，样本筛选过程如表 5 - 6 所示。

表 5 - 6   样本筛选过程

筛选过程	公司（家）
初始样本	638
减	
金融行业定向增发公司	13
ST 公司	19
多次定向增发公司	207
数据缺失公司	21
最终样本数量	378

表 5 - 7   样本公司年度分布

年份	2007	2008	2009	2010
公司（家）	107	76	80	115

表 5 - 8   样本公司行业分布

行业	公司（家）	占比（%）
运输业	14	3.70
电力、热力生产及供应业	22	5.82
制造业	244	64.55
房地产业	46	12.17
批发零售	17	4.50
服务业	14	3.70
其他	21	5.56
总计	378	100

（一）样本选择与数据分析

表5－6和表5－7为样本公司年度及行业分布，可以看出，2008年定向增发公司较2007年有所减少，但随后两年仍然持续上升，从行业上来看，制造业是定向增发的主力，在全部样本中占65%，其次是房地产行业，占12%，其他行业的分布相对比较平均。

表5－9 主要变量的描述性统计

变量名	样本数	均值	中位数	标准差
Top 1	378	0.369	0.361	0.149
Top 3	378	0.488	0.492	0.146
Z	378	14.532	6.078	1.070
Lev	378	0.576	0.584	0.325
MB	378	3.021	3.545	3.800
Age	378	16.200	15.000	4.212
Size	378	21.548	21.452	1.256
CZ	378	0.870	1.000	0.234
Cash	378	0.129	0.120	0.096
ROA_{-1}	378	0.061	0.057	0.072

表5－9是主要变量的描述性统计结果，本书在数据处理过程中为了克服异常值的影响，对主要变量进行了Winsorize缩尾处理。从控制权因素的代理变量来看，第一大股东的持股比例为36.9%，前三大股东的持股比例接近50%，说明定向增发的公司股权比较集中；从风险因素的代理变量来看，资产负债率较高，接近60%，说明上市公司可能存在通过定向增发降低财务风险的打算，账面市值为3.021，进行定向增发的公司平均上市时间在16年以上；从信息不对称的代理变量来看，大部分公司在定向增发前一年或者定向增发当年都进行了资产重组，现金约占资产总额的13%，定向增发前一年的总资产报酬率为6.1%。

（二）平衡性检测

表5-10列示了匹配前定向增发公司与未实施定向增发公司基于匹配变量均值的对比，整体来看，二者在资产负债率、市值账面比、上市年限、定向增发前一年是否重组、现金成长性以及前一年总资产报酬率方面均存在显著差异，表现为在5%或1%水平上显著；具体可以看出，实施定向增发的公司其资产负债率、账面市值比、现金流成长性以及定向增发前一年的经营业绩均高于未实施定向增发的公司，同时实施定向增发的公司在当年及前一年存在更多的资产重组行为，这也反映出定向增发组与未定向增发组在各匹配变量上的不平衡性。同时也可以看出，两组公司的控制权代理变量，即第一大股东持股比例、前三大股东持股比例及Z指数上差异并不显著，这也从一个侧面说明股权结构集中是我国上市公司的普遍特点。

表5-10　　　　　　　　匹配变量均值对比结果（匹配前）

匹配变量	定向增发组	未定向增发组	均值之差	T 值	P 值
Top 1	0.369	0.365	0.004	0.338	0.736
Top 3	0.488	0.491	-0.003	0.033	0.974
Z	14.532	18.324	-3.792	-1.085	0.279
Lev	0.576	0.525	0.051***	2.776	0.008
MB	3.021	2.489	0.532**	2.215	0.028
Age	16.2	16.938	-0.738**	-1.992	0.048
Size	21.548	21.453	0.095	0.613	0.541
CZ	0.870	0.667	0.203**	2.067	0.016
Cash	0.129	0.156	-0.027***	-2.678	0.008
ROA $_{-1}$	0.061	0.034	0.027***	3.194	0.001

注：显著性水平为 * 表示 P<0.1，** 表示 P<0.05，*** 表示 P<0.01。以下各表均同。

由于倾向得分匹配需要满足"条件独立性假定"和"共同支撑假设"，前者要求实施定向增发公司与未实施定向增发公司在特征变量上应该无明显差异，如果差异显著，则说明倾向得分匹配无效；后者要求匹配后实施定向增发公司与未实施定向增发公司的倾向得分分布基本一致。因此，在估计匹配平均处理效应之前，需要检验倾向值匹配的有效性（见表 5 – 11）。根据史密斯和托德（2005）的研究，本书计算实施定向增发公司与未实施定向增发公司基于特征变量的标准偏差，进而检验匹配的平衡性，看是否满足"条件独立性假定"，在 Stata 中使用 pstest 命令进行平衡检验，能够得出偏差的结果，偏差越小说明匹配效果越好。

表 5 – 11　　　　匹配变量的平衡性检测结果（匹配后）

匹配变量	核匹配			半径匹配			最近邻匹配		
	定增组	未定向增发组	偏差（%）	定增组	未定向增发组	偏差（%）	定向增发组	未定向增发组	偏差（%）
Top1	0.369	0.365	2.9	0.369	0.366	2.5	0.369	0.340	19.5
Top3	0.488	0.480	6.3	0.488	0.480	6.1	0.488	0.470	13.5
Z	14.532	14.495	0.2	14.532	14.547	− 0.1	14.532	12.295	10.7
Lev	0.576	0.578	− 1.4	0.576	0.577	− 0.4	0.576	0.584	− 4.9
MB	3.021	2.915	6.6	3.021	2.902	7.4	3.021	3.070	− 3.1
Age	16.200	16.462	− 7.2	16.200	16.438	− 6.5	16.200	16.565	− 10.0
Size	21.548	21.514	3.5	21.548	21.518	3.1	21.548	21.433	11.7
CZ	0.870	0.870	0	0.870	0.867	0.7	0.870	0.809	18.0
Cash	0.129	0.125	3.2	0.129	0.125	3.7	0.129	0.118	11.5
ROA_{-1}	0.061	0.060	0.2	0.061	0.061	0.1	0.061	0.062	− 3.0

　　但是，目前对于偏差的"阈值"没有统一结论，根据罗森鲍姆和鲁宾（1985）研究，一般认为标准偏差的绝对值小于 20 可以认定为匹配有效，从表 5 – 11 可以看出，三种匹配方法下，匹配后定向增发组与未定向增发组公司基于特征变量标准偏差绝对值都小于 20，可见，本书的倾向得分匹配估计较为可靠。

　　为检验"共同支撑假设"，本书给出匹配前后的核密度图（见图 6 - 5），图中显示了定向增发组和未定向增发组匹配前后倾向得分的概率分布。对比分析可见，两组样本在匹配前的倾向得分概率分布差异较大,但匹配后两组样本倾向得分概率分布较为一致,这也进一步说明了本书样本的匹配效果比较理想。

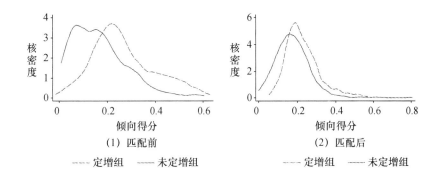

图 5-5 匹配前后的核密度

(三)倾向得分匹配结果分析

表 5-12 是三种匹配方法下,定向增发组与未定向增发组的持有期收益的对比,在 3 个月和 6 个月的持有期间内,定向增发组的

表 5-12 倾向得分匹配的处理效应(持有期收益)

Panel A	BHR	3 个月	6 个月	12 个月	24 个月	36 个月
核匹配	定向增发组	0.126	0.098	0.178	0.042	0.089
	未定向增发组	0.113	0.092	0.101	0.064	0.056
	ATT	0.013 (1.01)	0.006 (0.91)	0.077*** (3.52)	-0.022 (-0.77)	0.033* (1.87)
半径匹配	定向增发组	0.126	0.098	0.178	0.042	0.089
	未定向增发组	0.104	0.095	0.093	0.062	0.065
	ATT	0.022 (1.52)	0.003 (0.96)	0.085*** (3.63)	-0.020 (-0.71)	0.024** (2.01)
最近邻匹配	定向增发组	0.126	0.098	0.178	0.042	0.089
	未定向增发组	0.110	0.087	0.089	0.050	0.068
	ATT	0.016 (1.06)	0.011 (0.89)	0.089*** (2.99)	-0.008 (-0.85)	0.021* (1.88)

持有期收益率并没有显著高于未定向增发组，但是在持有一年后，定向增发组的收益率突然显著高于未定向增发组，三种匹配方法的平均处理效应为 0.084，均在 1% 水平上显著，本书认为，可能的原因是面向机构投资者的定向增发股份存在一年的锁定期，上市公司存在与机构投资者合谋，定向增发一年后抬高股价的行为。同时，也可以看出，在定向增发两年后，定向增发组的持有期收益反而低于未定向增发组，但是，在定向增发三年后，定向增发组的持有期收益却高于未定向增发组，统计上显著，三种匹配方法下的平均处理效应为 0.026，半径匹配下在 5% 水平上显著，最近邻匹配和核匹配方法下在 10% 水平上显著，本书认为，可能的原因是面向大股东的定向增发存在三年的锁定期，而三年之后，受到大股东控制的上市公司会抬高公司股价，以使大股东从股份解锁中获利。总之，本书没有发现定向增发后长期股价反应良好的证据，本书发现，定向增发后长期市场业绩表现不佳，部分地证实了前文的假设 H1。

表 5-13 是倾向得分匹配后定向增发公司与未定向增发公司在定向增发当年、后一年、后两年及后三年的经营业绩差异，Panel A、Panel B 和 Panel C 分别列示总资产收益率 ROA、净资产收益率 ROE 及每股经营活动现金流量 OCFPS。实证结果表明，定向增发公司在定向增发当年的 ROA、ROE 及 OCFPS 均大于未实施定向增发的公司，书中使用核匹配、半径匹配及最近邻匹配三种方法同时进行分析，以使结论更具备稳健性，三种方法下的结论相同，其中定向增发公司在定向增发当年的 ROA 和 ROE 超过未定向增发公司的平均处理效应 ATT（三种方法的均值）分别为 0.038 和 0.095，均在 1% 水平上显著；定向增发公司在定向增发当年的 OCFPS 也显著大于未定向增发公司，三种方法下的结论一致，在核匹配和半径匹配下，ATT 在 5% 水平上显著，最近邻匹配下 ATT 在 10% 水平上显著。但是实证研究的结论也发现，在定向增发后的长期（一年、两年及三年）范围内，定向增发公司的业绩并没有显著好于未定向增发公司的业绩，具体来看，其中定向增发公司的 ROA 在定向增发一年后仍然高于未定向增发公司，但是不显著，而定向增发两年及三

表 5 – 13 倾向得分匹配的处理效应（经营业绩）

Panel A	ROA	0	1	2	3
核匹配	定向增发组	0.084	0.081	0.051	0.053
	未定向增发组	0.051	0.049	0.074	0.067
	ATT	0.033***	0.032	-0.023*	-0.014
		(2.99)	(0.88)	(-1.87)	(-1.52)
半径匹配	定向增发组	0.084	0.081	0.051	0.053
	未定向增发组	0.043	0.042	0.059	0.061
	ATT	0.041***	0.039	-0.008	-0.008
		(3.01)	(1.01)	(-1.34)	(-0.95)
最近邻匹配	定向增发组	0.084	0.081	0.051	0.053
	未定向增发组	0.045	0.041	0.056	0.062
	ATT	0.039***	0.040	-0.005	-0.009
		(3.22)	(0.89)	(-1.02)	(-1.47)
Panel B	ROE	0	1	2	3
核匹配	定向增发组	0.155	0.070	0.083	0.097
	未定向增发组	0.075	0.081	0.073	0.106
	ATT	0.080***	-0.004	0.010	-0.006
		(3.91)	(-0.27)	(0.73)	(-0.47)
半径匹配	定向增发组	0.155	0.070	0.083	0.097
	未定向增发组	0.058	0.091	0.080	0.092
	ATT	0.097***	-0.021	0.003	0.005
		(3.27)	(1.65)	(0.98)	(0.76)
最近邻匹配	定向增发组	0.155	0.070	0.083	0.097
	未定向增发组	0.046	0.102	0.094	0.080
	ATT	0.109***	-0.032	-0.011	0.017
		(3.55)	(-1.27)	(-1.35)	(0.96)
Panel C	OCFPS	0	1	2	3
核匹配	定向增发组	0.781	0.374	0.267	0.315
	未定向增发组	0.3573	0.629	0.630	0.546
	ATT	0.408**	-0.255	-0.364	-0.231
		(1.98)	(-1.54)	(-1.94)	(-1.25)

Panel C	OCFPS	0	1	2	3
半径匹配	定向增发组	0.781	0.374	0.267	0.315
	未定向增发组	0.401	0.580	0.458	0.302
	ATT	0.380**	−0.206	−0.191	0.013
		(2.10)	(−1.21)	(−1.54)	(0.12)
最近邻匹配	定向增发组	0.781	0.374	0.267	0.315
	未定向增发组	0.472	0.469	0.397	0.345
	ATT	0.310*	−0.095	−0.131	−0.030
		(1.98)	(−0.64)	(−0.83)	(−0.17)

注：括号内数值为 T 值，显著性水平为 * 表示 $P<0.1$，** 表示 $P<0.05$，*** 表示 $P<0.01$。

年后定向增发公司的 ROA 已经明显下降，低于未定向增发组的 ROA 水平；而定向增发一年后的定向增发公司 ROE 水平就已经开始低于未定向增发组，随后的两年内也没有显著超过未定向增发组；对于 OCFPS，其表现基本与 ROE 相似，即定向增发公司在定增一年后的 OCFPS 就开始低于未定向增发组，直到定向增发后的第三年仍然低于未定向增发组。可见，并没有发现定向增发长期经营业绩表现良好的证据，这与邓路（2011）的研究结论不同，但是，与 Chen 等（2010）的研究结论相似，本书使用定向增发后 4 年的数据证实，定向增发公司只有在定向增发当年经营业绩高于未定向增发公司，长期来看，存在经营业绩恶化现象，验证了前文的假设 H1。结合前期文献的研究，本书认为，可能的原因是中国上市公司定向增发前存在盈余管理，而定向增发当年的经营业绩良好表现只是前期利润的反转，但是长期来看经营业绩仍然下滑。

（四）分组样本结果

结合中国上市公司定向增发的实践，本书进一步将样本进行分组，按照大股东是否参与定向增发分为参与组与不参与组，表 5－14 和表 5－15 列示了分组样本的输出结果。由表 5－14 可见，在持有 3 个月和 6 个月期间内，大股东参与定向增发组的收益率低于大股东不参与定向增发组的收益率，但是并不显著，持有 12 个月后，

大股东参与定向增发组的收益率显著高于大股东不参与定向增发组
的收益率，这种情况在持有 36 个月后仍然存在，这也印证了前文提
到的定向增发受到大股东的操控，存在利益输送。另外，从表 5 -
15 可见，相比于大股东不参与定向增发的公司，大股东参与定向增
发的公司长期业绩表现更差，参与组的总资产收益率 ROA 在定向增
发当年、后两年及后三年均低于未参与组；而参与组的净资产收益
率 ROE 表现更为明显，在定向增发当年、后一年、后两年及后三年
均低于未参与组；从每股经营活动现金流量 OCFPS 来看，参与组也
低于未参与组，但统计上并不显著。分组研究结论基本上验证了前
文的假设 H2，大股东在中国上市公司定向增发中仍然扮演重要角
色，本书的研究结论也从一个侧面说明，定向增发很大程度上存在
大股东利益输送的现象。

表 5 - 14　　　　　　　　分组样本输出结果

BHR	3 个月	6 个月	12 个月	24 个月	36 个月
大股东参与定向增发	0.081	0.091	0.116	0.067	0.124
大股东不参与定向增发	0.086	0.094	0.085	0.071	0.102
ATT	- 0.005 (- 0.76)	- 0.003 (- 0.71)	0.031 *** (2.86)	- 0.004 (- 0.68)	0.022 ** (2.01)

表 5 - 15　　　　　　　　分组样本输出结果

ROA	0	1	2	3
大股东参与定向增发	0.060	0.054	0.046	0.044
大股东不参与定向增发	0.095	0.059	0.057	0.063
ATT	- 0.035 ** (- 2.10)	- 0.004 (- 0.38)	- 0.012 ** (- 2.34)	- 0.019 *** (- 3.48)
ROE	0	1	2	3
大股东参与定向增发	0.117	0.083	0.080	0.084
大股东不参与定向增发	0.161	0.129	0.111	0.109
ATT	- 0.044 *** (- 2.77)	- 0.046 *** (2.72)	- 0.031 ** (- 2.01)	- 0.025 *** (- 2.69)
大股东参与定向增发	0.395	0.329	0.441	0.278

续表

OCFPS	0	1	2	3
大股东不参与定向增发	0.531	0.436	0.494	0.432
ATT	−0.137 (−0.98)	−0.107 (−0.66)	−0.054 (−0.37)	−0.145 (−1.11)

注：括号内数值为 T 值，显著性水平为 * 表示 P<0.1， ** 表示 P<0.05， *** 表示 P<0.01。

第三节　总结

本部分研究定向增发公司的长短期业绩表现，从公告效应来看，研究表明存在正向公告效应，说明定向增发短期内被市场认为是利好事件，但是，采用倾向得分匹配方法（PSM）研究定向增发公司的长期业绩表现时表明，定向增发后股票并非表现强势，在持有 3 个月、6 个月及 24 个月的期间内，定向增发组持有收益率并未显著高于未定向增发组，但是研究却发现在持有 12 个月及 36 个月后，定向增发组公司显著高于未定向增发组，本书认为，可能的原因定向增发受到大股东控制，在锁定期即将结束之时，其会抬高公司股价，为自身及合谋者牟利。同时，本书也发现定向增发公司在定向增发当年经营业绩好于未定向增发公司，但是在定向增发后一年、两年及三年的经营业绩均低于未定向增发公司，结论显示中国上市公司定向增发存在长期经营业绩下滑现象，这说明在定向增发之前上市公司可能存在盈余管理；分组研究结论显示，大股东参与定向增发组的持有期收益率在 12 个月及 36 个月的时间里显著高于大股东未参与定向增发组。另外，大股东参与定向增发的公司经营业绩恶化的更加严重，本书的结论从一个侧面说明了定向增发中可能存在大股东"掏空"上市公司的行为。本书的研究对投资者和监管层均具有借鉴意义，投资者面对定向增发时切勿盲目乐观和过度反应，应充分了解和分析公司的财务状况及经营业绩，监管层面对势头不减的上市公司定向增发行为，应该进一步加强监管，注意保护中小投资者的利益。

第六章 机构投资者对定向增发公司价值的影响

　　机构投资者作为内部大股东和外部中小股东之外的第三方投资力量，关于其能否改进持股公司的治理水平，进而提升公司价值的研究是近三十年来学者关注的热点，但是机构投资者是否能够积极参与公司治理，促进上市公司的发展，目前的研究尚未得到统一的结论。关于这一问题西方学术界形成了两种竞争性的观点：一种观点认为，机构投资者不能发挥公司治理作用，即所谓股东无为主义，持此种观点的学者认为机构投资者是带有投机性的市场主体，大多数情况下都是追求短线交易而获利，并不关心公司的长远发展，也不会积极参与公司治理，一旦出现问题通常选择"用脚投票"，而且机构一般同时持有多家公司股票，参与公司治理的精力有限，都是以获利为主要目标（Useem et al.，Daily et al.，Wahal，Karpoff et al.，Hellman）。另一种观点认为，机构投资者能够发挥治理作用，是股东积极主义者，持这种观点的学者认为机构投资者拥有专业、信息、资金等多方面的优势，有能力参与公司治理，能够监督公司经理人的短视行为，缓解公司代理问题，提高公司治理效应，而且能够抑制公司的盈余管理行为，提高信息披露质量（Simth，Bushee，Hartzell and Starks）。从我国的具体情况来看，2004年1月，国务院发布《关于推进资本市场改革开放和稳定发展的若干指导意见》指出，要培养和大力发展机构投资者，使其成为资本市场的重要投资力量，此举旨在通过机构投资者的力量，改善我国资本市场的投资结构，进一步促进上市公司的良性发展。根据WIND资讯数据统计，截至2014年年底，包括各类基金、证券公

司、保险公司等在内的专业机构投资者持有流通 A 股市值比例达
42%，其对资本市场的影响也越来越大，从近年资本市场的实践来
看，机构投资者对定向增发表现出极大的投资热情，有 90% 以上的
公司定向增发都是有机构投资者参与的，而关于定向增发中机构投
资者治理作用的研究尚属空白，这样的市场背景为学术研究提供了
良好的契机，本书选择定向增发事件，以此为切入点，从案例分析
的视角探讨定向增发中机构投资者的角色定位。

第一节　文献回顾与理论分析

关于机构投资者能否改进公司治理，提高公司价值，目前存在
两种竞争性的观点。认为机构投资者不能发挥公司治理作用，仅是
充当"旁观者"角色的学者观点如下，如尤西姆等（Useem et
al.）、戴利等（Daily et al.）都认为，机构投资者仅仅是持股，并
不能发挥监督作用，他们对于公司业绩无实质性影响，每年提供的
股东建议书的数目与公司业绩之间并不相关，如果公司业绩较差，
机构投资者会选择"用脚投票"，在公司治理当中只是一个"旁观
者"的角色。瓦哈尔（Wahal）从接管、治理等视角检验养老金与
目标公司的关系，认为养老金的介入并没有使目标公司获得显著的
超额收益，无论是股价还是会计利润都没有明显的改善，养老金的
积极参与并没有改进公司的绩效。卡波夫等（Karpoff et al.）研究
机构投资者所提建议对公司治理的影响，发现得到治理建议的公
司，其账面市值比、经营收益和销售收入增长率表现得更糟，治理
建议对于公司市值和高管变更几乎没有任何影响，治理建议并没能
够改善公司的业绩。沃尔斯泰特和墨菲（Wohlstetter and Murphy）
都认为，机构投资者因为缺乏管理经验，而且存在短视投资行为，
并不能发挥公司治理的积极作用，也不能提高公司的业绩，甚至由
于机构投资者与其他利益相关者的目标不一致，出于自利的考虑，
可能会对持股公司存在负面影响。赫尔曼（Hellman）实证研究发

现，机构投资者很少使用从上市公司获取的信息，他们主要依赖外部具有较高可信度的咨询顾问或者季度更新的报表模型，如果机构投资者利用这些信息去影响上市公司，由于外部获取的信息存在风险性，这将对公司的管理造成负面效应，无益于改善公司治理。而认为机构投资者能够发挥公司治理的作用，践行股东积极主义的学者观点主要包括：史密斯认为，机构投资者能够发挥治理作用，可以保持自身的独立性，是强有力的外部投资者，能够对大股东内部控制构成制衡。巴斯比（Bushee）研究机构投资者对研发费用投入的影响发现，当机构投资者持股比例较高时经理人不会削减研发费用去提高利润，机构投资者在监督公司经理人短视行为方面能够起到作用。赫策尔和斯塔克斯（Hertzell and Starks）从经理人薪酬的视角研究显示，机构投资者持股比例和 CEO 业绩—薪酬敏感性呈正相关，说明机构投资者能够起到监督作用，缓解公司代理问题，提高公司治理效应。Chen、Harford 和 Li 的研究将机构投资者进行分类，发现持股期限大于一年、重仓持股并且与上市公司之间业务独立的机构投资者才能对公司的重大决策产生影响，真正发挥监督作用。Koh 也将投资者进行分类，重点关注长期和短期机构投资者与公司盈余管理的关系，发现长期机构投资者能够抑制公司利用应计利润调控盈余的行为，但短期机构投资者并没有发挥这一作用。Callen 和 Fang 研究发现，长期持股的机构投资者有助于降低公司股票未来崩盘的风险，具有监督作用，但是短期持股的机构投资者可能对公司产生负面影响，会增加股票崩盘的风险，所以，他们认为，不考虑机构投资者关注的重点和偏好，单纯吸引机构投资者投资的战略是错误的。

可见，关于机构投资者到底是"用脚投票"的旁观者还是"用手投票"的监督者，目前的研究尚无定论。从国内研究来看，早期的研究大多认为，机构投资者受制于自身条件、制度环境等因素，无法发挥其在公司治理中的作用，只能充当"旁观者"的角色，如李向前认为，机构投资者缺少公司治理方面的人才，再加上公司一般由控股股东绝对控制，所以，机构投资者很难发挥监督作用。黄兴年认为，我国机构投资者高度依赖于政府，政府的行政干预使其很难成为真正合格的监督主体。但是，随着资本市场的发展及各项政策的完善，随后更多的研究认为，机构投资者能够发挥治理作用，监督公司的行为，如王琨和肖星通过设计联立方程组，利用两阶段最小二乘法研究机构持股与上市公司被关联方占用资金的关系，发现如果上市公司前十大股东中存在机构投资者则其被关联方占用的资金要显著少于前十大股东中没有机构投资者的公司，机构持股比例的增加会降低上市公司被关联方占用资金的程度，得出了机构投资者能够起到一定监督作用的结论。程书强研究发现，机构投资者持股比例较高时，其存在经济动机去监督管理层和董事会，上市公司在年报盈余披露以前会披露更多的信息，信息的及时性和有效性都更强，反映了机构投资者对管理层的监控作用，得出了机构投资者能够发挥治理作用的结论。姚颐和刘志远以再融资为背景研究发现机构投资者在公司治理中能够发挥较好的作用。薄仙慧、吴联生也认为，机构投资者能够发挥积极的治理作用，有利于公司治理的改善，随着机构持股的增加，公司的盈余管理程度下降。石美娟、童卫华以后股改时期公司为样本，研究机构投资者与公司价值的关系发现，机构持股比例与公司价值正向相关，表明机构投资者能够积极参与公司治理，降低公司代理成本，提升公司价值。刘京军、徐浩萍也将机构投资者进行了分类研究，发现长期机构投资者更加有利于公司业绩和市场业绩的稳定，但短期机构投资者会加剧市场波动。但也有学者认为，机构投资者监督作用的发挥并不充分，如李善民、王彩萍从机构投资者与高管年度薪酬水平和薪酬业绩敏感性两个方面进行检验，只发现了微弱证据可以支持机构投资者积极参与了公司治理并影响了高管薪酬，他们提出，机构投资者参与公司治理，发挥监督作用需要相关制度环境的进一步完善。姚颐等研究股权分置改革期间机构投资者作用时，发现当股改存在巨大利益时，机构投资者与上市公司之间会存在战略合作，机构投资者的自利行为导致其并没有发挥监督作用。

尽管学术界对于机构投资者的公司治理作用尚未得出统一的结

论，但是，丰富的研究无疑证实了这一问题的重要性，通过文献的
梳理发现，机构投资者如果发挥治理作用，则主要表现在能够提升
公司市场绩效及财务绩效，抑制持股公司盈余管理提高信息披露质
量及积极提供关于公司的发展建议，如图 6 – 1 所示。在市场绩效方
面主要表现为机构持股能够带来超额收益、支撑公司股价上涨、提
高公司价值（瓦哈尔、Callen 和 Fang；石美娟、童卫华、刘京军和
徐浩萍等）；在财务绩效方面表现为销售收入增加，公司盈利能力
增强（卡波夫等；Chen、Harford and Li；程书强等）；在抑制公司
盈余管理方面，主要表现为应计利润随着机构持股增加而减少
（Koh、薄仙慧和吴联生）；在提供公司发展建议方面主要表现为提
供股东建议书、干预经理人的短视行为、积极参与公司决策等（尤
西姆等、戴利等、卡波夫等、巴斯比、黄兴年、李善民和王彩萍、
姚颐和刘志远等）。

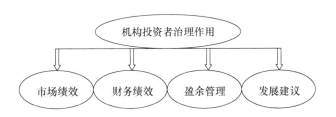

图 6 – 1 机构投资者治理效应解析

第二节 市场概况与案例简介

本书研究定向增发后机构投资者的治理效应，根据 WIND 资讯
数据库统计，2006—2014 年，成功地实施股权再融资的公司有 1811
家，其中定向增发 1607 家，占 88.7%，公开增发和配股各 108 家
和 96 家，分别占 6.0% 和 5.3%，股权再融资募集资金总额共
29363.6 亿元，其中，定向增发募集 26596.08 亿元，占 90.6%，公

开增发和配股各融资2369.91亿元和397.61亿元，各自仅占募集资金总额的8.1％和1.4％，数据统计显示，定向增发已经成为股权分置改革后资本市场上的主流再融资方式。从定向增发的发行对象上来看，主要包括大股东及关联方、机构投资者和境内自然人，而由于定向增发是向特定对象非公开发行，一般认购的门槛较高，需要的资金量较大，所以，机构投资者占比较高，具体可见表6-1。

表6-1   2006—2014年定向增发发行对象统计

定向增发对象	公司（家）	占比（％）
仅面向机构投资者	502	31.24
面向机构投资者和大股东或境内自然人	906	56.38
境外机构投资者	46	2.86
面向机构投资者合计	1454	90.48
不包括机构投资者（仅面向大股东或境内自然人）	153	9.52
总计	1607	100.00

由表6-1可见，在实施定向增发的全部1607家公司中，增发对象包括机构投资者的有1454家，占90.48％，只有153家公司定向增发的对象是不包括机构投资者的，占比不到10％，可见绝大多数公司的定向增发都是有机构投资者参与的，而这其中仅向机构投资者定向增发的为502家，占31.24％。另外，还有46家是面向境外机构投资者的，其余大部分增发对象是既面向机构投资者又面向公司股东或者自然人的定向增发。这些数据说明，在定向增发过程中，机构投资者已经成为重要的参与力量，那么机构投资者给定向增发的上市公司带来了什么？这样的市场实践为我们的研究提供了良好的契机。

本书选择鑫科材料作为案例，研究理论分析中的相关问题，鑫科材料公司属于有色金属行业，是国家重点高新技术企业，主要从事铜及铜合金板材、带材、线材、辐照交联电缆、特种电缆等产品的生产、开发与销售，主导产品有高精度铜带材、铜合金线材、光亮铜杆、电线电缆等，公司拥有近20项国家级科研成果、科技进步和发明专利，多项产品荣获国家级荣誉称号，公司铜带、铜杆、电线电缆产品为安徽省著名商标，精密电子铜带、铜合金（锌白铜）获得安徽省科技成果奖，产品在国内市场有较高的美誉度，被中国海关和外经贸部列入高新企业产品目录，并出口至东南亚和欧美等国家。在上市公司定向增发的大潮之下，2012 年 6 月该公司也发布了定向增发预案，具体进展情况如图 6 – 2 所示，本书正式以此次定向增发作为研究对象，分析机构投资者的治理作用。

图 6 – 2　鑫科材料定向增发进展时间表

2012 年 6 月 29 日，鑫科材料发布定向增发预案公告，公告中提到本次公开发行定价基准日为公司第五届第十四次董事会决议公告日（2012 年 6 月 21 日），发行价格不低于 6.5 元/股，但具体发行时要根据转送、派息等情况进行调整，本次公开发行募集资金用于投资建设年产 40 万吨高精度电子铜带项目，也就是说，鑫科材料此次定向增发并非资产整合，也并不意在引入战略投资者，只是为新项目融资。鑫科材料在发行预案中提到，目前铜材料行业发展迅速，国内铜材消费量和产量均迅速增长，但处于产业转型和调整升级阶段，本次定向增发旨在为公司调整产品结构提供资金支持，公司于 2011 年 8 月开始投资建设"年产 40 万吨高精度电子铜带项目"，产品标准比照日本、德国等进口产品，募集资金投资项目顺利实施后将给公司增加年产 18000 吨电子引线框架带、4000 吨变压器铜带和太阳能光伏铜带等产能，极大地丰富了公司的产品种类并能实现产品档次的跨越式提高，进入高端铜带市场，增强公司的盈利能力，为广大股东创造投资回报；随后鑫科材料在 2012 年 11 月 29 日发布公告，对 2012 年 6 月 29 日发布的定向增发预案中相关的股票发行数量、发行价格等进行调整，发行数量由原来的不超过 14000 万股调整为不超过 17600 万股，发行价格下调为不低于 5.16 元/股；2013 年 3 月 29 日公司定向增发获得证监会核准，2013 年 9

月 23 日公司在中国证券登记结算有限责任公司上海分公司办理完毕
登记托管手续；2014 年 9 月 22 日为限售股上市流通日。在 2013 年
9 月 25 日，公司发布定向增发公告，完成定向增发，发行股数
17600 万股，募集资金约 9.08 亿元，发行费用 0.25 亿元，扣除发
行费用后实际募集资金是 8.83 亿元，本次定向增发股票的限售期为
12 个月，认购方式为现金认购，认购对象共 6 家，包括 4 家为机构
投资者①（以下顺序相同）和两个自然人，定向增发对象不包括大
股东，这也是我们选择鑫科材料定向增发案例进行研究的原因所
在，避免了此前学者提出的关于大股东参与定向增发的利益输送问
题，可以更加清晰地观测机构投资者的作用，4 家机构投资者的认
购股数及认缴金额如表 6 - 2 所示，4 家机构投资者的认购股数和认
缴金额分别占鑫科材料此次定向增发股数和募集资金的 74% 和
73%，所以，鑫科材料此次定向增发机构投资者起主导作用。

表 6 - 2　　　　鑫科材料增发机构投资者认购数量及认缴金额

机构投资者	配售数量（万股）	认缴金额（亿元）
1	4980	2.57
2	3100	1.6
3	3100	1.6
4	1760	0.9
总计	12940	6.67
此次定向增发	发行总股数	募集资金总额
	17600	9.08

第三节　案例分析

　　根据前文的理论分析，机构投资者对持股公司的正向治理效应
主要表现在为公司带来超额收益、增加公司价值，提升公司的经营

---

　　① 4 家机构投资者分别为上海泽熙增煦投资中心、财通基金管理有限公司、平安大
华基金管理有限公司和金鹰基金管理有限公司。

能力以及抑制公司盈余管理等方面，本书以鑫科材料的定向增发为
例从几个方面分别分析。

一　累计超额收益率分析

我们分析了机构投资者对公司绩效及决策的影响。图 6 - 3 是
2011 年 12 月至 2014 年 12 月鑫科材料累计超额收益率（CAR）与
市场累计超额收益率（CAR）的比较，可以看出，从 2011 年 12 月
到 2013 年 11 月，鑫科材料的累计超额收益率始终低于市场整体的
累计超额收益率，但在 2013 年 11 月，公司完成定向增发不到两个
月后，鑫科材料的 CAR 明显超出市场的 CAR，而且这种趋势一直
持续到限售期结束后的两个月，即 2014 年第四季度，说明定向增发
引入机构投资者之后，公司整体的市场业绩表现良好，机构投资者
进入能够为公司带来累计超额收益，但是，我们同时也可以发现，
从 2014 年第四季度开始，鑫科材料 CAR 开始向市场整体 CAR 回
归，可以推测机构投资者在减持股份后，公司累计超额收益率会下
降，市场表现并没有前期强劲。同时，继续观测鑫科材料的股价，

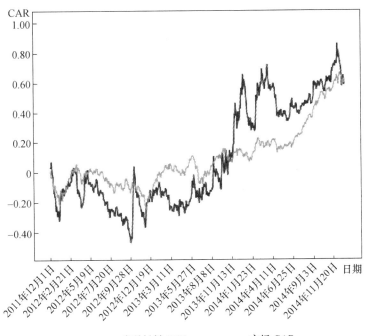

—— 鑫科材料 CAR　　　　　　市场 CAR

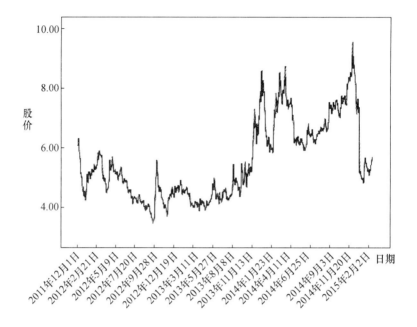

图 6 - 3　2011 年 12 月至 2014 年 12 月鑫科材料累计超额收益率（CAR）

与市场累计超额收益率（CAR）比较及鑫科材料股价走势

从 2011 年 12 月到 2014 年 12 月公司股价的走势可以看出，在 2013 年第三季度鑫科材料完成定向增发后，股价开始上扬，尽管中间存在下滑，但整体始终呈上升趋势，机构投资者持股公司后，确实带来了公司市场绩效的提升，但从 2015 年开始，公司股价大幅度下滑，从 2014 年第四季度均价 7.8 元下跌至 2015 年前两个月均价只有 5.2 元，这可以初步证实前期学者的研究，即短期机构投资者会显著影响公司的股票收益（瓦哈尔、Callen 和 Fang，2013；刘京军、徐浩萍），而且 2014 年伦敦金属交易所（LME）的铜价从年初的每吨接近 7000 美元降至每吨 6358 元，在铜价下降的情况下，公司股价仍然上涨，这似乎有违常理。

二　公司价值分析

根据前人研究，在正向公司治理效应下机构投资者持股能够增加公司价值，本书进一步分析机构持股后鑫科材料公司价值的变化。从图 6 - 4 可以看出，从 2012 年年末到 2014 年第三季度，鑫科材料的托宾 Q 值始终低于行业均值，公司价值较低，但是，从 2013 年第三季度公司完成定向增发开始，鑫科材料的公司价值呈上升趋势，与行业均值的差距逐渐缩小，到 2014 年第三季度，定向增发股票限售期即将到来之时，公司价值三年来首次超过行业均值，在有色金属行业平均托宾 Q 值为 2.1 的 2014 年第二季度，鑫科材料的托宾 Q 值接近 2.9，2014 年第四季度，行业平均托宾 Q 值为 2.0，鑫科材料托宾 Q 值为 2.6，可以说定向增发后机构投资者进入提升了公司价值，这种提升并不是在定向增发完成后立刻显现，而是呈缓慢上升趋势，但是，在限售期结束时呈急剧上升态势，这不免让人怀疑机构投资者的动机。但是，无论如何，从鑫科材料超额收益率、股价以及公司价值的表现来看，机构投资者似乎发挥了"监督者"的角色，使得公司市场业绩有所提升。

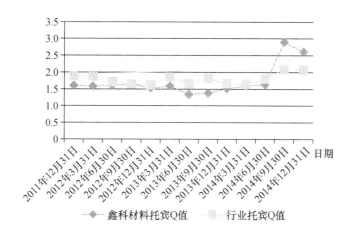

图 6 - 4　鑫科材料托宾 Q 值与行业托宾 Q 值比较

三　销售收入增长率分析

本书使用销售收入增长率、净资产收益及每股指标作为财务绩效的衡量指标，进而判断定向增发后机构投资者持股公司是否带来了公司经营能力的提升。

从图 6 - 5 可以看出，从 2011 年第四季度到 2014 年第四季度，鑫科材料的销售收入增长率整体都低于行业平均水平，仅在 2013 年的第二个季度高于行业平均值，2013 年第三季度公司完成定向增发，机构投资者持股公司后，销售收入增长率并没有得到提升，反而在当年行业平均销售收入增长率为 103% 的情况下，公司仅有 13% 的销售收入增长率，鑫科材料在其披露的信息当中，将原因归为现有产品市场需求低迷，价格竞争激烈，单位产品加工成本较高，报告期内铜价下跌等因素，但似乎并不足以解释与行业平均销售收入增长率之间的巨大差距，整个 2014 年，并没有发现机构投资者助力公司经营能力改善的效果，鑫科材料的销售收入增长率仍然位于行业平均销售收入增长率之下。

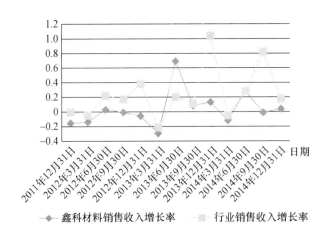

图 6 - 5 2011—2014 年鑫科材料销售收入增长率与行业销售收入增长率对比

四　净资产收益率分析

净资产收益率可以反映公司的盈利能力，有必要继续分析鑫科材料的净资产收益率与行业净资产收益率的变动。从 2011 年第四季度到 2014 年第四季度有色金属行业的净资产收益率波动较大，这与有色金属行业近年受到宏观环境的影响有关，整体行业主营业务利润下降，高端领域创新与产业化能力不足，有色金属产品价格处于低位，在 2013 年以前，鑫科材料的净资产收益率基本上低于行业平均净资产收益率，但是，从 2014 年第一季度开始，鑫科材料的净资产收益率小幅度高于行业均值，根据其定期报告可知，主要是公司经历了 2013 年的亏损之后，2014 年经营情况较好，营业收入增加较多，尤其是铜基核心材料产品，全年增加销售收入近 1.5 个亿，公司在年报中指出，收入增加是由于产品销量增加所致，而公司新建项目尚未投产，对公司的收入没有贡献，也就是说，鑫科材料此次定向增发的募集资金所投项目并未对收入产生影响，那么其 ROE 高于行业均值是否由定向增发后机构持股所致尚不能确定，根据前面销售收入增长率的表现，可以推测鑫科材料的主业并非构成其利润的主要因素，公司靠其他方式获取利润才有了稍高于行业净资产收益率的表现。

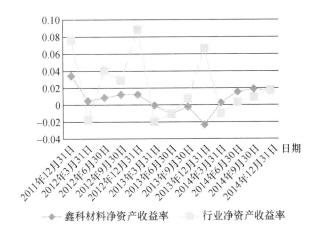

图 6 – 6   2011—2014 年鑫科材料净资产收益率与行业净资产收益率对比

五　每股指标分析

图 6 - 7 和图 6 - 8 分别是 2011—2014 年鑫科材料每股收益与每股经营活动现金流与行业的对比结果，从公司每股收益的变化来看，近三年每股收益波动趋势与行业整体变动趋势基本一致，但始终低于行业每股收益，即便是定向增发机构持股后这种情况也并没有改变；从鑫科材料的每股经营活动现金流来看，也基本上低于行

业平均水平,而且在 2013 年第三季度公司完成定向增发后每股经营
活动现金流量反而大幅下降,虽然 2014 年第三季度在行业整体现金
流提升的背景下,鑫科材料现金流也有所提升,但是,始终低于行
业均值,与前面净资产收益率的分析结果对比,可以推测公司的盈
余持续性并不是很强。从财务绩效的指标来看,鑫科材料定向增发
完成后,其财务绩效并没有显著提升,并不能看到机构投资者的
作用。

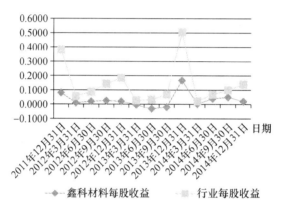

图 6-7　2011—2014 年鑫科材料每股收益与行业每股收益对比

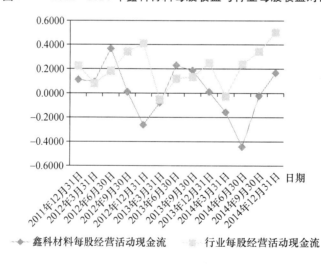

图 6-8　2011—2014 年鑫科材料每股经营活动现金流量与
行业每股经营活动现金流量对比

六　应计额分析

根据 Koh、薄仙慧和吴联生等的研究，机构投资者能够抑制盈余，主要表现为应计利润随着机构持股的增加而减少，因此本书分析鑫科材料在定向增发机构持股后，其应计利润是否有所变动。从图 6-9 鑫科材料的应计额与行业应计额的对比分析来看，2012 年第二季度到 2013 年年初，鑫科材料的应计额一直高于行业应计额，而这段时间正是公司发布定向增发预案的时间，不排除公司在定向增发之前存在盈余管理的可能性，2013 年 3 月公司定向增发获得证监会批准之后，应计额下降，但在 2013 年第三季度公司完成定向增发后，应计额又上升，一直到 2014 年第三季度，始终高于行业均值，说明机构投资者的进入并没有能够抑制公司的盈余管理。

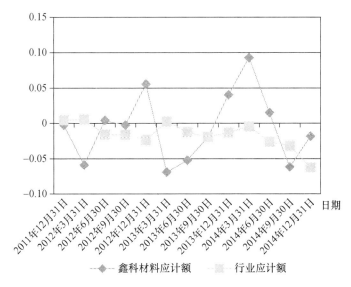

图 6-9　2011—2014 年鑫科材料应计额与行业应计额对比

第四节　持股期及限售期后机构
投资者的行为分析

在持有鑫科材料股票的过程中机构投资者是否对公司的决策产

生影响呢？鑫科材料 2013 年 9 月 25 日完成定向增发，而 2013 年
10 月 11 日，也就是在公司完成定向增发仅半个月，公司发布公告
称将使用此次部分募集资金约 1 亿元补充公司流动资金，缓解流动
资金压力，降低财务费用；随后在 2014 年 3 月 6 日，定向增发完成
后约半年的时间，又公告称使用部分闲置的募集资金约 2 亿元投资
于理财产品，以提高募集资金的使用效率；2014 年 8 月 23 日，公
司发布关于募集资金使用情况的公告中提到，公司 2013 年对"年
产 15000 吨引线框架铜带项目"暂停实施，而将其募资余额 3.27
亿元全部投入此次的年产 40 万吨高精度电子铜带项目，而年产
15000 吨引线框架铜带项目恰恰是公司 2008 年定向增发募集资金的
投资项目，在定向增发募集资金调整的过程当中，并未看出合计持
股比例约为 21% 的机构投资者话语权，而且公司在 2014 年 5 月 28
日又发布定向增发预案称：将募集资金约 13 亿元收购某影视文化传
播公司 100% 的股权，对于一家的有色金属行业的公司来讲，这是
否符合公司的发展战略，此处也并未显示机构投资者对于公司决策
的影响，持股期当自己是"旁观者"的机构投资者在限售期过后又
有何表现？

表 6-3 鑫科材料定向增发后和股份解锁后
前十大股东名单及持股比例

	2013 年 12 月 31 日 （定向增发后）	持股比例（%）	2014 年 12 月 31 日（解锁后）	持股比例（%）
1	芜湖恒鑫铜业集团有限公司	20.66	芜湖恒鑫铜业集团有限公司	20.66
2	上海泽熙增煦投资中心	7.96	合肥工大复合材料 高新技术开发有限公司	0.24
3	财通基金	4.96	李晓峰	0.22
4	平安大华基金	4.96	张青	0.17
5	凌祖群	4.48	滕世来	0.15
6	韩玉山	2.97	曲慧姝	0.15
7	金鹰基金	2.81	经纶	0.14

续表

	2013 年 12 月 31 日 （定向增发后）	持股比 例（%）	2014 年 12 月 31 日（解锁后）	持股比 例（%）
8	费杰	0.48	徐雪	0.13
9	中信证券股份有限公司	0.44	方光平	0.12
10	安庆市宇恒经贸发展有限公司	0.43	韩敫博	0.11

表 6-3 是鑫科材料定向增发后和股份解锁后前 10 大股东名单及持股比例，由于鑫科材料 2013 年 9 月 25 日完成定向增发，所以查找 2013 年第三季度季报股东名单，前 10 大股东中，因定向增发而成为公司的股东的 4 家机构投资者均在名单之列，持股比例分别为 7.96%、4.96%、4.96% 和 2.81%，合计持股数量约占公司总股数的 20.7%，但是，在 2014 年 9 月 25 日，定向增发股票限售期过后，通过查找 2014 年年报中，公司披露的前 10 大股东名单，可以发现，因为定向增发而持有公司股票，并且总计持股达 20.7% 的 4 家机构投资者均不在前 10 大股东名单之列，所以，我们可以推测 4 家机构投资者均在股票解禁后减持退出。同时，从鑫科材料 2014 年年报也可以看到，除第一大股东芜湖恒鑫铜业集团有限公司持股 20.66% 外，其他股东持股均不超过 0.3%，而且除芜湖恒鑫集团和合肥工大之外，其他股东均为自然人，由此可以推测，由于总计持股达 20.7% 的 4 家机构投资者减持，导致股东户数剧增，但单个投资者持股数量下降，由于根据目前《上市公司信息披露管理办法》，只有持股比例在 5% 以上的投资者持股比例发生变化才要求上市公司披露，所以，鑫科材料 2014 年 10 月 22 日发布的持股 5% 以上股东减持股份的提示性公告显示，上海泽熙增煦投资中心持股 12450 万股，占 7.96%，减持股份 4632 万股，而此前其在定向增发中认购的股份数量为 4980 万股，也就是在限售期结束后，泽熙增煦几乎将定向增发股份全部减持，减持后持股 4.99%，但是，定向增发中其他机构投资者的持股不超过 5%，所以，我们无法从公开披露中获取投资者减持信息，但是通过比较解禁前后股东名单可见端倪。另外，鑫科材料由于机构减持导致股东户数剧增，根据 WIND 资讯

统计显示，该公司 2014 年 12 月 31 日股东户数为 189668 户，但 2014 年 9 月 30 日其股东户数仅为 72820 户①，在一个季度内，股东户数增加了 116848 户，增长率为 160.46%，创下上证 A 股之最，同期上证 A 股股东户数平均增长率只有 1.22%，所以不难看出鑫科材料定增股份解锁后，机构投资者大量减持套现，由于他们所持股份数量较多，所以减持后会导致大量新股东进入公司，股东户数剧增。初步推测机构投资者减持所获收益，根据 2014 年 9 月 25 日至 12 月 31 日鑫科材料股票收益价均值为 7.78，按照这个价格减持，4 家机构投资者可以获得的现金为分别约为 3.87 亿元、2.4 亿元、2.4 亿元和 1.37 亿元，如果扣除当时按照 5.16 亿元的发行价格认购的成本，则净收益分别为 1.3 亿元、0.81 亿元、0.81 亿元和 0.46 亿元，真可以说是赚得盆满钵满，具体如表 6-4 所示。

表 6-4 机构投资者减持所获收益估计

机构投资者	配售数量（万股）	股价（元）	金额（万元）	净收益（万元）
1	4980	7.78	38744.4	13047.6
2	3100	7.78	24118	8122
3	3100	7.78	24118	8122
4	1760	7.78	13692.8	4611.2
总计	12940	31.12	100673.2	33902.8

第五节　总结

从前面案例剖析的结果来看，鑫科材料定向增发引入的机构投资者并没能够发挥出应有的作用，并不是前人研究所提出的股东积极主义者，没能发挥对公司治理的监督作用，除出于自利考虑短期刺激公司股价上涨外，更多的时候是一个"旁观者"的角色，虽然

---

① 2014 年 9 月 25 日为股票解禁日，但其距离 2014 年 9 月 30 日时间太短，所以 2014 年 9 月 30 日第三季度报数据统计显示并没有发生大量减持。

本书只是研究个案，但定向增发中机构投资者的此种表现并非只有鑫科材料一家，这种现象背后的成因更值得深思，也更加重要。

　　定向增发作为目前资本市场再融资的主要方式，其认股对象主要为机构投资者，但机构投资者通过定向增发成为股东后对公司的发展和决策置之不理，并没有发挥积极作用，也未能提升公司的盈利能力，却在股份限售期结束减持前显著提升公司股价和累计超额收益率，并在限售期结束后减持套现离场，这进一步印证了学者研究的机构投资者短期效应，进而导致市场波动的结论，这也说明机构投资者偏爱定向增发源于获利，在这一动机之下，机构投资者的行为也偏向追求短期超额收益，利益驱动下的短期行为选择也不利于发挥机构投资者在公司治理中的作用，不能够改善上市公司经营实力和提高经营效率，也不能促进上市公司长期发展，再加上新兴市场中上市公司本身成熟性和稳定性不够，使得机构投资者的长期投资成了一种概念化的理念，因此监管层仍需加强对机构投资者的引导和教育，避免盲目的投机主义行为破坏市场稳定，引导机构投资者成为积极的"监督者"，虽然近年机构投资者的投资规模和质量有了很大提高，但他们在由"用脚投票"向"用手投票"转变过程中，需要监管层的进一步努力，特别是在定向增发过程中，应使机构投资者更加关注定向增发公司的长期发展，避免限售期结束减持退出的短期行为。另外，从上市公司角度讲，伴随股改进行而推出的定向增发，由于不增加市场即期扩容的压力而受到市场欢迎，上市公司也纷纷进行定向增发，如果定向增发是引入战略投资者或者进行资产重组，获取资金的同时，还能获得先进的技术和经验，或者改善公司的基本面，提升整体的市场竞争力，那么定向增发必然有利于公司的长远发展，机构投资者通过参与公司的经营也能进一步发挥监督作用，因此上市公司应避免盲目定向增发，类似于鑫科材料六年中进行三次定向增发，多次改变募集资金用途的情况不理性行为应当减少，应根据公司的实际发展需要合理地进行再融资，积极引入行业领先的战略投资者，这样，才能有利于机构投资者正向治理效应的发挥，而且定向增发应注意保护中小投资者利益。

第七章 社会责任履行对定向增发公司价值的影响

近年来，关于社会责任的问题成为学者关注的热点。在前期文献的基础之上，本书另辟蹊径，从"是否披露社会责任报告"入手，研究定向增发公司价值问题，将履行社会责任与定向增发结合进行研究，社会责任问题近年来受到监管层和上市公司的重视，2006 年和 2008 年深交所和上交所分别发布了上市公司社会责任指引，进一步规范社会责任报告的披露问题，2010 年 4 月，财政部、审计署连同证监会、银监会和保监会共同发布《企业内部控制应用指引——第 4 号社会责任》，2010 年 9 月，环保部出台《上市公司环境信息披露指南（征求意见稿）》，2014 年，有 1007 家上市公司发布企业社会责任报告，在这样的背景下将社会责任报告披露与定向增发结合进行研究显得更有意义，本书旨在回答两个问题：第一，社会责任报告披露是否能够提升定向增发公司的价值？第二，大股东是否参与定向增发对研究结论是否存在影响。

本书的贡献在于：第一，与前期文献不同，本书提供了关于定向增发公司价值研究的全新视角，将社会责任问题引入定向增发的研究，为蓬勃发展的定向增发研究做出了增量贡献；第二，本书采用新近发展的倾向得分匹配法，这种方法能够克服样本选择偏误，换言之，它能够使我们更加明确地判断定向增发公司价值的提升是否源于社会责任的履行。

第一节　文献综述与假设提出

一　社会责任与公司价值

企业社会责任（Corporate Social Responsibility，CSR）是指企业在对股东承担经济责任的同时，对债权人、政府、供应商、客户、员工和社区等其他利益相关者以及环境所应尽的责任。关于社会责任与公司价值的研究，目前尚未得出统一的结论。大部分学者认为，履行社会责任能够提升投资者和消费者的积极认知，从而增加公司价值，二者之间存在正相关关系，而不承担社会责任的行为则会对公司价值产生负面影响（Bowman and Haire，1975；Cochran and Wood，1984；Sen and Bhattacharya，2001；Barnett and Salomon，2006）。但是，也有学者研究认为，二者之间并没有相关性（McWilliams and Siegel，2001）。我国学者对于社会责任与公司价值的研究起步较晚。李正（2006）发现，当期承担社会责任越多的公司其价值越低，但是，从长期来看，承担社会责任并不会降低企业价值，同时他还发现行业因素、资产规模等指标与社会责任履行显著正相关，但是，财务状况、前一年盈利能力等指标与社会责任履行显著负相关。杨熠和沈洪涛（2008）检验了我国公司社会责任与财务绩效之间的关系，他们以利益相关者业绩指标衡量社会责任，发现社会责任与财务绩效之间呈显著正相关关系。温素彬和方苑（2008）发现社会责任的履行当期对财务业绩的影响为负，但是，从长期来看，对企业财务绩效有正向作用。朱雅琴、姚海鑫（2010）针对不同的利益相关者研究发现，企业对政府及员工的社会责任与公司价值呈正相关，但是，对投资者的社会责任与公司价值负相关，对供应商的社会责任与价值不相关。尽管微观视角的研究略有不同，但是，国内学者基本上得出社会责任与公司价值之间正相关的结论，而且从长期来看这种相关性体现得更加明显。

二　定向增发与公司价值

对定向增发与公司价值的研究具有代表性的是鲁克（1989）。他考察了美国1979—1985年的128例普通股定向增发的公告效应，发现与公开增发相反，定向增发存在着正的公告效应，会引起股东财富和公司价值的增加。笔者通过回归模型分析认为，定向增发会增加股权的集中度，使股东与公司的利益更加一致，从而能够减轻代理问题，提升公司的价值。赫策尔和史密斯（1993）研究定向增发中的股东收益和市场发行折价问题。赫策尔和史密斯也认为，定向增发能够提升公司价值。福尔塔和詹尼（2004）以高科技公司为样本研究定向增发中高科技公司的战略性收益，他们认为，公司通过定向增发可以获得包括资本、研究伙伴以及商业伙伴在内的各种资源，从长期来看，定向增发能够给公司带来收益，并且能够降低信息不对称所导致的风险，从而提升公司价值。布鲁克斯和格雷厄姆（Brooks and Graham，2005）认为，定向增发能够给公司带来财富增值，并且他们还证实了小公司以及业绩表现好的公司定向增发的超额收益更大。Wruck和Wu（2009）研究了定向增发中的投资者、发行人、公司治理以及公司业绩，他们发现，很多投资者在定向增发前就与公司存在关系，定向增发又会形成许多新的关系，如进入公司董事会或与公司成为商业伙伴。他们认为，这种新型关系的形成会导致定向增发的正公告效应，而且新型关系也与定向增发后长期业绩和股票价格表现有关，即使面临更加严格的监督和管制，定向增发仍然可以为公司创造价值。但也有学者研究得出定向增发后公司价值下降的结论，如Ruth、Chang和Tong（2002），安德森、罗斯和卡恩（2006），Dalia和Raj（2007）等。从国内研究来看，章卫东（2007）发现，定向增发新股会获得正的财富效应，并且他还进行了类型区分，即上市公司向控股股东及关联股东定向增发的公告效应要好于其他类型的公告效应。徐寿福（2010）也认为，我国上市公司存在正的定向增发公告效应，他用监管效应假说和信息不对称理论对此进行解释。但国内很多学者的研究都证实中国上市公司定向增发中存在严重的利益输送问题，如朱红军、何贤杰和陈信元（2008）通过单一案例研究的形式发现，上市公司利用操纵盈余、注入不良资产或增发后高额分红等方式从上市公司攫取利益，极大地损害了中小股东的利益，他们认为，这主要是由于定向增发监管制度尚不完善，大股东在增发过程中存在机会主义行为，缺乏对大股东的制度约束，定向增发没能实现大小股东之间的利益协同，导致公司价值受损。张鸣、郭思永（2009）的研究证实了大股东通过定向增发转移上市公司财富，使公司整体价值下降，他们也认为大股东机会主义行为是影响定向增发的重要因素，而且转移财富的程度取决于大股东的认购比例和增发的折价水平，而且他们还发现大股东不同的认购方式带来不同的市场反应。章卫东（2010）、王志强等（2010）也认为，在定向增发中，上市公司向大股东输送利益，定向增发存在寻租行为，导致公司价值下降。赵玉芳等（2011）通过大样本研究证实了上市公司定向增发后通过现金分红方式攫取利益，损害中小股东利益，导致公司整体价值的下降。

三 假设提出

前述分析可见，履行社会责任和定向增发都属于公司行为，但是，前期文献对于社会责任与公司价值及定向增发与公司价值分别进行了大量研究，这两种行为之间是否有关联却鲜有文献关注，如果公司履行社会责任同时又进行定向增发，那么社会责任的履行是否有利于提升其公司价值？本书将对此进行深入探讨。

利益相关者理论认为，企业在自身发展的同时，如果能够积极回报社会，将向外界传递正面消息，产生积极影响，不仅有利于提升自身形象和美誉度，还有利于自身价值的提升。因为公司披露社会责任报告说明其良好的社会责任表现可以满足股东、债权人、客户、政府、员工及社区等利益相关者的要求，从长远来看，会给公司带来良好的价值增加。另外，如果公司没能良好地履行社会责任，没能够做到满足除股东之外的其他利益相关者的要求，那么会造成市场的担忧，最终会导致公司风险增加，甚至无法盈利。而根据 Myers 和 Majluf（1984）的研究，由于信息不对称的存在，公司股权融资决策被视作"坏消息",因为这意味着现有资产价值被高估,潜在投资者识破这一动机,为降低自身风险会要求降低股票价格,所以定向增发会折价发行,已有的研究表明,中国上市公司在定向增发时控股股东存在通过输送劣质资产、关联交易等形式进行利益输送的现象,大股东通过盈余管理、发行折价、现金分红等多种方式从上市公司定向增发中攫取利益,其最终结果必将与公司价值最大化目标相背离。如果定向增发公司披露社会责任报告则意味着可以减少内部信息拥有者与投资者之间的信息不对称,同时说明公司对于自身可持续发展具备信心和实力,可以照顾到包括大小股东在内的各方利益相关者的利益,因此,本书提出假设:

H1:披露社会责任报告有助于提升定向增发公司价值。

另外,从理性经济人假设出发,大股东参与定向增发是为了追求自身利益最大化,上市公司在大股东超强控制之下,其行为决策是大股东意志的真实体现,从理论上讲,如果公司价值为 V,定向增发募集资金为 E,大股东持股比例为 α,大股东认购比例为 β,但是由于定向增发的股份具有锁定期,会给大股东带来一定的资产流动性损失,这种损失是认购比例 β 的增函数,记为 $F(\beta)$,只要 $I = \alpha \times V - \beta \times E - F(\beta)$ 大于零,大股东就会选择参与定向增发。大股东参与定向增发的目的通常有两种:一种是资产上市动机,即如果大股东掌握较多的非上市资产,参与定向增发可以实现非上市资产的整体上市,从而获得市场估值,实现价值增值;另一种是维持控制权动机,即通过定向增发维持自身的控制权地位,享有更高的控制权收益。定向增发中,无论是资产上市动机,还是维持控制权动机,大股东更加关注自身的利益,甚至会在两类动机的驱使之下侵害中小股东利益,对于定向增发后公司的未来发展及投资关心甚少,而如果大股东不参与定向增发,说明大股东并没有因为上述动机而获取收益,此时如果公司披露社会责任报告,更加说明公司考虑的是利益相关者的利益,这将更有利于公司价值的提升。所以,本书提出假设:

H2:相对于大股东参与定向增发的公司,大股东不参与定向增发的公司社会责任报告的披露对公司价值提升的作用更显著。

第二节　研究方法

根据定向增发公司是否披露社会责任报告，本书将样本分为披露组和未披露组，假设 $T = 1$ 是披露组，$T = 0$ 是未披露组，Y_1 代表披露时的定向增发公司价值，Y_0 代表不披露时的定向增发公司价值，我们想观测的是披露组两种状态下的价值差异即平均处理效应（ATT），但事实上我们只能观测到企业的一种状态，要么是披露社会责任报告，要么是没有披露社会责任报告，如果公司披露了社会责任报告，我们就无法观测到，而如果直接采用来推算披露带来的定向增发公司价值提升就会存在较大的误差，以往我们较多地采用这种方式，以行业、公司规模为标准选择对照组，但这会导致样本选择偏误，因为披露社会责任报告的定向增发公司与未披露社会责任报告的定向增发公司相比，本身就存在很大差异，可如果增加匹配特征又会增大对照组选择的难度。

为了克服这种选择偏差，提高匹配效果，尽可能找到与披露社会责任报告的定向增发样本特征相近的匹配样本，如前所述，本书采用罗森鲍姆和鲁宾（1983）提出的倾向得分匹配方法（PSM）来对此进行研究，PSM 的基本思想是将多个匹配指标换算成倾向值，依据倾向值进行匹配，最终的结果是 2011—2013 年（本书样本期）披露社会责任报告的定向增发公司（测试组）匹配一组样本期内没有披露社会责任报告的定向增发公司（控制组），匹配后的两组公司在可观测到的公司特征上类似。PSM 方法是将多维指标降为单一维度（倾向值），降低了样本的选择偏误及多维指标寻找控制组样本的难度。

PSM 方法使用的步骤如下：

步骤 1：建立定向增发公司披露社会责任报告的影响因素 Logit 模型，具体如式（7.1）所示。

$$P(X) = pr[D = 1/X] = \frac{\exp(\beta X)}{1 + \exp(\beta X)} \tag{7.1}$$

其中，D 表示指标函数，如果定向增发公司披露社会责任报告为1，否则为0。X 表示研究选择的特征变量，$P(X)$ 表示每个样本的倾向值，表示披露社会责任报告的概率，需要根据 Logit 模型来估计。

根据文献分析及相关理论，本书选择的影响因素包括公司规模（Size）、资产负债率（Lev）、营业收入增长率（Sales growth）、第一大股东持股比例（Top 1）、Z 指数（Z）、赫芬达尔指数（Herfindahl）、独立董事比例（Independence）、董事长与总经理是否两职合一（Duality - 0/1）、高管持股比例（Ownership）、董事会规模（Board size）、定向增发实际募资金额（Amount）、发行折价率（Discount）、大股东是否参与定向增发（Participate）、企业性质（Property）以及相关行业因素。具体定义见表 7 - 1。

表 7 - 1　　　　　　　　　社会责任报告披露的影响因素

序号	变量名称及符号	定义
1	是否披露社会责任报告（Disclosure）	虚拟变量，如果公司定向增发当年披露社会责任报告为1，否则为0
2	公司规模（Size）	公司资产总额的自然对数
3	资产负债率（Lev）	负债/总资产
4	营业收入增长率（Sales growth）	营业收入变动额/前一期营业收入额
5	第一大股东持股比例（Top1）	股权制衡度指标
6	Z 指数（Z）	公司第一大股东和第二大股东持股比例的比值
7	赫芬达尔指数（Herfindahl）	公司前三大股东持股比例的平方和
8	独立董事比例（Independence）	独立董事人数/董事会人数
9	董事长与总经理是否两职合一（Duality - 0/1）	虚拟变量，如果董事长兼任总经理取值为1，否则为0
10	高管持股比例（Ownership）	高管持股数/公司股本总数
11	董事会规模（Board size）	董事会人数
12	定向增发实际募资金额（Amount）	定向增发完成后实际募集资金数量
13	发行折价率（Discount）	（市场价格 - 发行价格）/市场价格
14	大股东是否参与定向增发（Participate）	虚拟变量，大股东参与定向增发为1，否则为0
15	企业性质（Property）	虚拟变量，国有企业为1，否则为0

步骤 2：进行匹配，为每个披露社会责任报告的定向增发公司匹配一个倾向得分最接近的未披露公司。

本书采用核匹配方法进行匹配，其原理是根据距离函数选择匹配样本，然后再根据核函数确定匹配样本权重，最终结果是与测试组中的公司匹配的对照公司是依据倾向得分构造的虚拟企业。核匹配的优点是所有测试组样本都被匹配，所有控制组样本的信息都得到充分利用。其中权重的计算方法如下：

$$W_{ij} = G\left[\,(PS_j - PS_i)/h\,\right] \tag{7.2}$$

其中，W_{ij} 表示针对测试组的公司 i，控制组的公司 j 的权重，$G(\cdot)\,Gauss$ 表示核函数，PS_j 表示控制组中公司 j 的倾向值，PS_i 表示测试组中公司 i 的倾向值，h 表示控制组中样本数量。同时，后文使用半径匹配和最近邻匹配的方法进行稳健性检验。

步骤 3：估算平均处理效应（ATT）。依据所计算出来的权重，就可以计算测试组和控制组的公司价值差异，ATT 的计算公式如下：

$$ATT = \frac{1}{N^T}\sum_{i \in T}\left(Y_i^T - \sum_{j \in C} w_{ij}Y_j^C\right) \tag{7.3}$$

其中，上标 T 表示测试组，C 表示控制组，Y_i 表示测试组公司 i 的业绩指标，Y_j 表示控制组公司 j 的业绩指标，N^T 表示测试组的样本数量。

第三节　样本选择及实证结果分析

一　数据分析

本书数据主要来自 CSMAR 数据库，个别缺失数据来自 WIND 资讯金融终端，社会责任披露数据来自上市公司年报，手工收集。样本期间为 2011—2013 年，样本筛选原则如下：（1）剔除金融类公司和 ST 类公司；（2）剔除所有变量缺失的样本；（3）剔除样本期内多次定向增发的样本；最终得到的测试组样本数为 155 家，控制组样本数为 365 家，为克服异常值的影响，本书对主要变量进行了 Winsorize 缩尾处理。本书选择托宾 Q 值作为公司市场价值的衡量。表 7 - 2 为样本公司年度分布，表 7 - 3 为样本公司主要变量的描述性统计。

表 7 - 2 样本公司年度分布

分组	2011 年	2012 年	2013 年	合计
披露组	49	38	68	155
未披露组	110	95	160	365
合计	159	133	228	520

表 7 - 3 主要变量描述性统计

变量名称	均值	标准差	样本数
市场价值（Tobin Q）	1.603	1.303	520
公司规模（Size）	21.723	1.345	520
资产负债率（Lev）	0.570	0.633	520
营业收入增长率（Sales growth）	0.397	1.345	520
第一大股东持股比例（Top1）	36.197	15.463	520
Z 指数（Z）	13.723	36.102	520
赫芬达尔指数（Herfindahl）	0.171	0.124	520
独立董事比例（Independence）	0.366	0.053	520
董事长与总经理是否两职合一（Duality - 0/1）	0.202	0.402	520
高管持股比例（Ownership）	0.057	0.144	520
董事会规模（Board size）	9.100	1.653	520
定向增发实际募资金额（Amount）	15.433	23.889	520
发行折价率（Discount）	11.816	26.018	520
大股东是否参与定向增发（Participate）	0.417	0.494	520
企业性质（Property）	0.494	0.500	520

从表 7 - 2 和表 7 - 3 可见，在样本期内，共有 520 家公司进行定向增发，其中，155 家披露了社会责任报告，365 家公司未有披露社会责任报告，披露的比率约为 30%。样本公司的托宾 Q 均值为

1.603，资产负债率较高，接近60%，第一大股东的持股比例也比较高，均值达到了36%，高管持股比例接近为6%；有近20%的样本公司是董事长和总经理两职合一的，有近41%的样本公司，大股东参与定向增发，全部样本中国有企业和非国有企业各占50%。

二　平衡性检测

表7-4列示了匹配前披露社会责任报告的定向增发公司与未披露社会责任报告的定向增发公司基于匹配变量均值的对比，整体来看，二者在公司规模（Size）、第一大股东持股比例（Top1）、赫芬达尔指数（Herfindahl）、董事长与总经理是否两职合一（Duality - 0/1）、高管持股比例（Ownership）、董事会规模（Board size）、定向增发实际募资金额（Amount）、大股东是否参与定向增发（Participate）、企业性质（Property）方面均存在显著差异，除董事长与总经理是否两职合一（Duality - 0/1）是在10%水平上显著以外，其他均在1%水平上显著；具体可以看出，披露社会责任报告的定向增发公司其公司规模（Size）、第一大股东持股比例（Top1）、赫芬达尔指数（Herfindahl）、定向增发实际募资金额（Amount）均高于未披露社会责任报告的定增公司。这也反映出披露组与未披露组在各匹配变量上的不平衡性。

表7-4　　披露组与未披露组基于特征变量的对比（匹配前）

变量	披露组	未披露组	均值之差	T 值	P 值
公司规模（Size）	22.354	21.377	0.977 ***	9.835	0.000
资产负债率（Lev）	0.529	0.581	- 0.052	- 0.757	0.449
营业收入增长率（Sales growth）	0.312	0.438	- 0.126	- 0.970	0.332
第一大股东持股比例（Top 1）	0.387	0.348	0.039 ***	3.099	0.000
Z 指数（Z）	14.245	13.639	0.606	0.015	0.988
赫芬达尔指数（Herfindahl）	0.194	0.158	0.036 ***	3.712	0.000
独立董事比例（Independence）	0.372	0.364	0.008	1.509	0.132
董事长与总经理是否两职合一（Duality - 0/1）	0.164	0.223	- 0.059 *	- 1.759	0.076

续表

变量	披露组	未披露组	均值之差	T 值	P 值
高管持股比例（Ownership）	0.033	0.069	-0.036***	-2.687	0.007
董事会规模（Board size）	9.363	12.958	-3.595***	-3.307	0.001
定向增发实际募资金额（Amount）	19.107	8.951	10.156***	4.877	0.000
发行折价率（Discount）	0.092	12.958	-0.038	-1.614	0.107
大股东是否参与定增（Participate）	0.486	0.374	0.112***	2.998	0.003
企业性质（Property）	0.61	0.434	0.176***	4.163	0.000

注：显著性水平为 * 表示 P<0.1，** 表示 P<0.05，*** 表示 P<0.01。

由于倾向得分匹配需要满足"条件独立性假定"，即披露与未披露社会责任报告的定向增发公司在特征变量上应该无明显差异，如果差异显著，则说明倾向值匹配无效。因此，在估计匹配平均处理效应之前，需要检验倾向值匹配的有效性（见表7-5）。根据史密斯和托德（2005）的研究，本书计算披露与未披露社会责任报告的定向增发公司基于特征变量的标准偏差，进而检验匹配的平衡性，在 Stata 中使用 pstest 命令进行平衡检验，能够得出偏差的结果，偏差越小说明匹配效果越好，但是，目前对于偏差的"阈值"没有统一结论，根据罗森鲍姆和鲁宾（1985）研究，一般认为，标准偏差的绝对值小于20可以认定为匹配有效，从表7-5可以看出，匹配后披露与未披露社会责任报告的定向增发公司基于特征变量标准偏差绝对值都小于20，可见，本书研究的倾向值匹配估计较为可靠。

表7-5　　　　匹配有效性检测结果（核匹配—匹配后）

变量	披露组	未披露组	标准差（%）	标准差减少幅度（%）	P 值
公司规模（Size）	22.354	22.343	0.9	99.0	0.937
资产负债率（Lev）	0.529	0.556	-5.0	38.4	0.447
营业收入增长率（Sales growth）	0.312	0.299	1.1	89.7	0.885

续表

变量	披露组	未披露组	标准差（%）	标准差减少幅度（%）	P 值
第一大股东持股比例（Top1）	0.387	0.385	1.1	96.3	0.933
Z 指数（Z）	14.245	13.703	1.6	-351.8	0.875
赫芬达尔指数（Herfindahl）	0.194	0.194	0.4	98.9	0.977
独立董事比例（Independence）	0.372	0.376	-8.0	43.5	0.544
董事长与总经理是否两职合一（Duality - 0/1）	0.164	0.169	-1.1	93.7	0.922
高管持股比例（Ownership）	0.033	0.028	4.1	85.2	0.651
董事会规模（Board size）	9.363	9.335	1.6	94.5	0.898
定向增发实际募资金额（Amount）	19.107	19.549	-1.6	96.0	0.874
发行折价率（Discount）	0.092	0.101	-3.8	76.3	0.733
大股东是否参与定向增发（Participate）	0.486	0.409	15.7	45.6	0.184
企业性质（Property）	0.610	0.617	-1.6	96.1	0.891

　　为进一步证实匹配的有效性，本书给出核匹配的匹配效果图（见图 7 - 1），图中显示了测试组和控制组匹配前后的倾向值得分的概率分布。对比分析可见，两组样本在匹配前的倾向值得分概率分布差异较大，但匹配后两组样本倾向值得分概率分布图几乎重合，这也进一步说明了本书样本的匹配效果比较理想，采用最近邻匹配和半径匹配的结果与此相似，不再赘述。

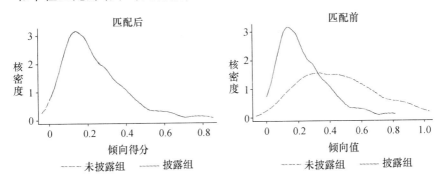

图 7 - 1　核匹配前后倾向值分布对比

三 倾向得分匹配结果分析

由表 7 - 6 可见，核匹配方法下，披露社会责任报告的定向增发公司核匹配值为 1.691，未披露组的核匹配值为 1.385，ATT 的平均处理效应为 0.307，T 值为 2.47，在 1% 水平上显著，实证结果证实了前文提出的假设 H1，披露社会责任报告的定向增发公司价值大于未披露社会责任报告的定向增发公司价值，说明社会责任报告的披露或者社会责任的履行确实有助于提升定向增发公司的价值，我们使用半径匹配和最近邻匹配的方法重新检验，结论趋于一致。正如前文所述，大股东是否参与定向增发会影响公司的价值，所以，接下来本书将样本根据大股东是否参与定向增发进行分组，进一步验证前文假设 H2。

表 7 - 6　　　　　　　　倾向得分匹配的处理效应分析

匹配方法	披露组	未披露组	ATT	标准差	T 值
核匹配	1.691	1.385	0.307	0.124	2.97***
半径匹配	1.599	1.121	0.478	0.478	3.12***
最近邻匹配	1.612	1.365	0.247	0.156	2.34**

注：显著性水平为 * 表示 P < 0.1，** 表示 P < 0.05，*** 表示 P < 0.01。

表 7 - 7 的分组输出结果可以看到，社会责任报告的披露对于大股东不参与定向增发的公司价值提升更加明显，三种匹配方法下，ATT 差异分别为 0.104、0.141 和 0.123，T 值分别为 3.254、3.651 和 3.509，均在 1% 水平上显著，但是，对于大股东参与定向增发的公司，社会责任报告的披露效应不显著。这验证了前文的假设 H2。

表 7 - 7　　　　　　　　分组输出结果

匹配方法	大股东参与定向增发				大股东不参与定向增发			
	披露组	未披露组	ATT	T	披露组	未披露组	ATT	T 值
核匹配	1.543	1.463	0.08	1.123	1.625	1.421	0.104	3.254***
半径匹配	1.256	1.123	0.133	0.846	1.639	1.398	0.141	3.651***
最近邻匹配	1.387	1.308	0.079	1.398	1.456	1.233	0.123	3.509***

注：显著性水平为 * 表示 P < 0.1，** 表示 P < 0.05，*** 表示 P < 0.01。

第四节　总结

本章对 2011—2013 年实施定向增发并披露社会责任报告的 155 家样本公司研究后发现，在使用 PSM 方法控制样本选择偏误后，社会责任报告的披露对于定向增发全样本公司具有显著的价值提升作用，但是，分组样本结果表明，社会责任报告的披露对于大股东参与定向增发的公司价值提升不显著，对于大股东不参与定向增的公司披露效应显著。本书的研究表明，社会责任报告作为财务报告的重要补充，披露社会责任报告对定向增发公司存在价值提升作用，一方面，公司履行社会责任应积极披露和宣传，才能产生良好的效应；另一方面，有定向增发意向的公司也应该积极关注社会责任，以进一步提升企业价值。另外，针对定向增发，由于国内外的市场环境不同，应结合中国上市公司的实际情况开展研究，才能得出有效指导实践的结论。

第八章 定向增发与公开增发价值效应比较
——社会责任视角

2008年1月中国平安抛出1600亿元"天量"再融资计划，创下A股史上再融资金额之最，引发市场强烈震荡，当天上证指数下跌5.14%，次日又下跌7.22%，跌破5000点整数关。随后陆续出现关于浦发银行和中国联通再融资的传闻，两家公司的股价均急速下跌，再融资被认为是恶意圈钱而不受市场欢迎，由此也引发了学术界对再融资问题的关注。同样是2008年，国内出现三聚氰胺奶粉污染事件，食品安全一时成为焦点，媒体和学术界开始关注企业社会责任问题，近年来，关于社会责任的呼声越来越高，履行社会责任不仅有助于解决就业、环保等问题，还可以提升企业形象和美誉度，实现自身可持续发展，履行社会责任的公司也受到投资者的青睐，研究表明履行社会责任和企业价值最大化的目标并不矛盾。同时，监管部门也陆续发布相关法规加强指引，2007年国资委发布《关于中央企业履行社会责任的指导意见》，2006年和2008年深交所和上交所分别发布上市公司社会责任指引，对社会责任信息披露加以规范。在这样的背景下，能否从社会责任的视角对引起市场剧烈反应的上市公司再融资（本章指公开增发）问题加以研究，社会责任报告的披露能否缓解市场的负面反应，披露社会责任报告的再融资公司其经营业绩又将怎样变动？之前文献鲜有涉及，本书将尝试对此进行研究。同时，与第七章进行对比研究。

本书的贡献在于：第一，本书将股权再融资与社会责任结合研究，提供了股权再融资研究的全新视角，以往文献多关注SEO（Seasoned Equity Offering，即股权再融资）发行成本、SEO与盈余管理或 SEO 后业绩表现等，本书另辟蹊径，研究社会责任报告的披露对再融资公司业绩的影响，为蓬勃发展的 SEO 研究做出了增量贡献。第二，本书以 2007—2013 年的公开增发公司为样本进行研究，得出了关于公告效应的全新结论，并首次将社会责任报告披露及披露质量与再融资业绩相联系，将社会责任问题的研究拓展到了公司股权再融资层面，研究结论对于监管层社会责任信息披露准则的制定和上市公司再融资决策均具有借鉴意义。

第一节　文献回顾与研究假设

一　关于社会责任

企业社会责任是指企业在对股东承担经济责任的同时，对债权人、政府、供应商、客户、员工和社区等其他利益相关者以及环境所应尽的责任。关于社会责任的研究可以归纳为两条脉络：一条线是关于社会责任报告披露的动机，包括外部动机和内在动机，外部动机又分为监管动机和利益相关者动机（王建明，2008；Kotonen，2009），内在动机主要从融资成本角度考虑，李姝等（2013）研究社会责任报告披露的内在动机，发现披露社会责任报告的企业权益资本成本更低。另一条线是社会责任报告披露的后果，主要指社会责任与公司绩效的关系，对二者关系的研究至今未得出一致的结论，有些学者发现二者之间呈正相关，承担社会责任会不同程度地增加公司价值（Barnett and Salomon，2006），但是，也有学者发现二者不存在相关性（McWilliams and Siegel，2000）。马戈利斯等（Margolis et al.，2001）统计了截至 2001 年发表的有关公司社会责任与财务绩效的 122 篇文献，发现正相关、负相关和不相关的研究结论都有，但正相关的研究结论居多。Sen 和 Bhattacharya（2001）也认为，履行社会责任能够增加投资者和消费者的积极认知，从而提升财务业绩。

国内学者杨熠和沈洪涛（2008）首次实证检验了我国上市公司

社会责任与财务绩效之间的关系，他们以利益相关者业绩指标衡量社会责任，发现社会责任与财务绩效之间呈显著正相关关系。温素彬和方苑（2008）也发现，社会责任的履行从长期来看，对企业财务绩效有正向作用。但是，张兆国等（2013）研究发现，社会责任与财务绩效的影响是相互的，其中，滞后一期的社会责任对当期财务绩效的正向影响和当期财务绩效对当期社会责任的正向影响具有显著性。傅鸿震等（2014）在研究公司社会责任与公司绩效的关系时，提出考虑"商务模式"的影响，他们发现了商务模式在公司社会责任与绩效之间的调节作用，采用共享型商务模式的公司，其社会责任对公司绩效有正向影响，而采用非共享型商务模式的公司其社会责任对公司绩效有负向影响。可见，国内学者的研究基本上得出了我国上市公司履行社会责任与公司绩效之间存在正向关系的结论。

二 关于再融资公司业绩表现

大量研究表明，公司公开增发后股票价格下跌，而且公开增发数量越大，公告日股价下跌越严重，如 Eckbo 和 Masulis（1994）、Congsheng Wu（2001）等都发现了公开增发公告负效应的存在；但赫策尔等（2002）研究定向增发公司样本却发现累计异常收益率为正，他们认为，此结论可以用定向增发能够减轻代理问题来解释。国内学者对公开增发公告效应最早进行研究的是汪海宁（2001），他虽然发现样本异常收益为负，但没有进行显著性检验；之后刘力等（2003）、刘宇（2006）均发现了增发后异常收益显著为负，学者们运用二元股权结构影响效应进行解释，但胡乃武、阎衍、张海峰（2002）以 1998—2001 年增发新股的 35 家上市公司为样本，并没有得出市场反应为负的结论。可见，国内对于再融资市场绩效的研究结论也不完全一致，2005 年开始的股权分置改革，目前已经基本完成，公司股票实现全流通后，二元股权结构显然丧失了对于增发公告负效应的解释力度。而且 2006 年以来，由于定向增发具备成本低、门槛低等优势，越来越多的公司选择定向增发，根据 WIND 数据统计，2006—2013 年公开增发公司为 108 家，而同期定向增发公司为 1178 家，在这样的市场背景下，公开增发市场反应如何，也是本书要研究的问题，因为要研究社会责任报告对再融资市场绩效的影响，首先我们要知道市场绩效在再融资前后是否有显著变化。

除市场绩效外，针对再融资长期业绩表现也有大量研究，洛克伦和里特（Loughran and Ritter，1997）以美国1979—1989年增发新股的1338家上市公司为样本，研究发现进行 SEO 公司的长期经营业绩和股票收益都出现下降，经营业绩指标总资产经营活动利润率和资产收益率，从增发当年到增发后第四年，分别从15.8%下降到12.1%、从6.3%下降到3.2%。皮埃尔（Pierre，2000）对法国上市公司配股后长期业绩表现进行研究发现，配股公司长期经营业绩比未配股的对照组显著恶化。国内学者陆正飞和魏涛（2006）也发现了上市公司首次配股后会计业绩下滑的现象，而且他们还发现配股公司在配股前存在盈余管理行为。可见，再融资后的经营业绩存在下滑现象，那么融入社会责任后的再融资公司经营业绩将如何表现，本书将对此进行研究。

根据文献分析（见图8-1），实施再融资和披露社会责任报告同属于公司行为，而前期文献对于社会责任报告与公司绩效之间的关系进行了大量研究，对于再融资与公司绩效的关系包括再融资后的市场反应和经营业绩表现也进行了大量研究，但是，公司这两种行为之间是否有关联？如果公司既披露社会责任报告又进行再融资，那么社会责任报告是否会影响绩效？前期文献没有进行研究，本书将对此进行深入探讨。

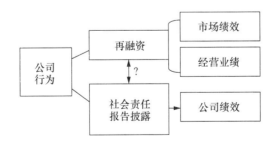

图8-1 文献脉络

三 假设提出

主张社会责任与公司财务绩效呈正相关的学者认为，一方面，公司披露社会责任报告说明其良好的社会责任表现可以满足股东、债权人、客户、政府、员工及社区等利益相关者的要求，从长远来看，会给公司带来良好的财务绩效；另一方面，如果公司没能良好地履行社会责任，没能够做到满足除股东之外的其他利益相关者的要求，那么会造成市场的担忧，最终会导致公司风险增加，甚至无法盈利。而根据 Myers 和 Majluf（1984）的研究，由于信息不对称的存在，公司股权融资决策被视作"坏消息"，因为这意味着现有资产价值被高估，潜在投资者识破这一动机，为降低自身风险会要求降低股票价格，所以再融资公告后，股价普遍下跌，但公司披露社会责任报告意味着可以减少内部信息拥有者与投资者之间的信息不对称，从而使得投资者降低对公司的风险预期，所以，披露社会责任报告会缓解其因再融资公告引起的糟糕市场表现，而且披露社会责任报告意味着公司对于自身可持续发展的信心和实力，其经营业绩表现也更好。因此，本书提出假设：

H1：与未披露社会责任报告的公司相比，披露社会责任报告的再融资公司市场表现更好。

H2：与未披露社会责任报告的公司相比，披露社会责任报告的再融资公司未来经营业绩表现更好。

另外，除社会责任报告披露影响再融资公司绩效外，社会责任报告披露的质量是否对公司绩效产生影响？根据 Bhattacharya 等（2002）的研究，信息披露质量会影响权益资本成本，而曾颖和陆正飞（2006）的研究也发现，我国上市公司信息披露质量会影响股权融资成本，Dhaliwal 等（2011）选取 196 家披露独立社会责任报告的美国公司进行研究，发现机构投资者和分析师更加关注社会责任履行较好的公司，而且社会责任报告披露质量高的公司股权融资成本更低。据此，本书提出如下假设：

H3：社会责任报告披露质量越高的再融资公司，其市场绩效表现越好。

H4：社会责任报告披露质量越高的再融资公司，其经营业绩表现越好。

对于首次披露社会责任报告的上市公司来讲，"首次披露"是质的转变，这是上市公司首次向广大投资者传递履行社会责任的重大好消息，会在投资者中产生积极的正面影响。首次披露社会责任报告不仅意味着上市公司开始重视社会责任的履行，而且已经开始付诸行动，这会使公司再融资更加顺利地进行，投资者更愿意投资于这类公司，因此其再融资的市场业绩和经营业绩表现更好。本书针对再融资公司社会责任报告的"首次披露"效应展开研究，提出如下假设：

H5：与连续披露社会责任报告的再融资公司相比，首次披露社会责任报告的公司其市场绩效表现更好。

H6：与连续披露社会责任报告的再融资公司相比，首次披露社会责任报告的公司其经营业绩表现更好。

为了验证以上六个假设，本书建立以下六个模型（变量说明见后）：

$$CAR = C + \beta_1 ANNOUNCE + \beta_2 \ln(Size) + \beta_3 Lev + \beta_4 Offer +$$
$$\beta_5 Top1 + \beta_6 NATURE + \beta_7 REVENUE - g +$$
$$\sum INDUSTRY + \varepsilon \tag{8.1}$$

$$\Delta ROE = C + \beta_1 ANNOUNCE + \beta_2 \ln(Size) + \beta_3 Lev +$$
$$\beta_4 Offer + \beta_5 Top1 + \beta_6 Nature +$$
$$\beta_7 REVENUE - g + \sum INDUSTRY + \varepsilon \tag{8.2}$$

$$CAR = C + \beta_1 QUALITY + \beta_2 \ln(Size) + \beta_3 Lev +$$
$$\beta_4 Offer + \beta_5 Top1 + \beta_6 NATURE + \beta_7 REVENUE - g +$$
$$\sum INDUSTRY + \varepsilon \tag{8.3}$$

$$\Delta ROE = C + \beta_1 QUALITY + \beta_2 \ln(Size) + \beta_3 Lev +$$
$$\beta_4 Offer + \beta_5 Top1 + \beta_6 NATURE +$$
$$\beta_7 REVENUE - g + \sum INDUSTRY + \varepsilon \tag{8.4}$$

$$CAR = C + \beta_1 FIRST + \beta_2 \ln(Size) + \beta_3 Lev + \beta_4 Offer +$$
$$\beta_5 Top1 + \beta_6 NATURE + \beta_7 REVENUE - g +$$
$$\sum INDUSTRY + \varepsilon \tag{8.5}$$

$$\Delta ROE = C + \beta_1 FIRST + \beta_2 \ln(SIZE) + \beta_3 LEV + \beta_4 OFFER +$$
$$\beta_5 Top1 + \beta_6 NATURE + \beta_7 REVENUE - g +$$
$$\sum INDUSTRY + \varepsilon \qquad\qquad (8.6)$$

第二节　数据来源与样本选择

一　数据来源

股票交易数据及其他财务信息来自 CSMAR 数据库，社会责任报告披露信息来自上海证券交易所和深圳证券交易所网站的上市公司年报，手动收集整理，上市公司社会责任报告评级分数主要来自润灵环球责任评级机构发布的数据。

二　样本选择

根据 CSMAR 数据库，选取 2007 年 1 月至 2013 年 12 月成功实施公开增发 A 股的上市公司样本，整体筛选原则如下：

（1）能够获取完整的公司股票交易数据和公司财务数据，剔除金融类上市公司和 ST 公司；

（2）在（-10，10）的时间窗口内有连续交易数据；

（3）在估计窗口内，股票没有长时间停牌；

（4）社会责任报告披露及披露质量信息完整。

最终获得有效样本 100 家上市公司，具体见表 8-1。

表 8-1　　　　　　　公开增发样本市场及年度分布

交易所	2007 年	2008 年	2009 年	2010 年	2011 年	2012 年	2013 年	总计
上交所	17	14	7	6	2	3	2	51
深交所	14	12	6	4	7	3	3	49
总计	31	26	13	10	9	6	5	100

注：年度分布根据增发招股意向书公告日为准进行统计。

三　关于研究方法

本书接下来要研究样本公司的市场绩效，首先解释一下本书选取的事件日、事件窗口及异常收益率的计算方法。

（一）事件日和事件窗口

1. 事件日

本书采用事件研究法研究公开增发公告效应，该方法被国外学者广泛应用于市场反应的研究，关于事件日的选取，胡乃武等（2002）选择股东大会决议公告日作为事件日，刘力等（2003）选择了董事会公告日，而本书认为，在证监会正式核准公司增发以前，股东大会公告和董事会公告包含的信息并不完全，招股意向书是经过证监会核准的、正式的、最终的法律文本，最具信息含量，因此本书选择公开增发招股意向书公告日作为事件日，定义为 t = 0，如果事件日为双休日或节假日，则选择其后的第一个交易日为第 0 日。

2. 事件窗口

本书选取（-10，10）作为事件窗，主要是考虑到我国证券市场事件公告前存在提前泄露情形，而且上市公司可能会申请在公告当日停牌，或者可能选择在股市收盘后或是双休日、节假日再公告，所有这些情况都可能使股价无法在增发信息公告当日做出调整，为了避免这些影响对股价反应造成的不具效率性，本书选取（-10，10）作为事件窗，考察公告前后的市场反应，同时选取（-100，-11）作为估计窗口，使用增发前 100 个交易日的数据进行估计。

（二）异常收益率计算

1. 正常收益率

本书采用最小二乘市场模型计算异常收益率，这种方法是通过对资产定价模型的回归来确定正常收益率的。

市场模型为：

$$R_{i,t} = \alpha_i + \beta_i R_{m,t} + \varepsilon_{i,t}$$

其中，$R_{i,t}$ 是股票 i 在第 t 日的收益率，$R_{m,t}$ 是市场组合在第 t 日的收益率，用大盘指数代表市场收益率，上交所上市公司采用上证综合 A 股指数，深交所上市公司采用深证综合 A 股指数。$\varepsilon_{i,t}$ 是随机误差项，均值为 0，方差为 σ^2，将事件窗口内由市场模型得到的估计值作为个股的正常收益。采用估计窗口数据，运用 OLS 回归得出估计系数 $\hat{\alpha}_i$、$\hat{\beta}_i$，然后利用事件窗中的数据，估计股票正常收益。

股票正常收益率为：

$$\hat{R}_{i,t} = \hat{\alpha}_i + \hat{\beta}_i R_{m,t}$$

2. 异常收益率

股票异常收益率为：

$$AR_{i,t} = R_{i,t} - \hat{R}_{i,t}$$

累计异常收益率（CAR）是在一段时间内由异常收益率 AR 累加而得。股票 i 在事件窗（t_1，t_2）内的累计异常收益率为：

$$CAR_{i,t_1,t_2} = \sum_{t=t_1}^{t_2} AR_{i,t}$$

第三节　实证分析

一　样本公司市场绩效检验

首先，对样本公司的异常收益率进行检验，目的是检验公告时点及窗口期内股票的异常收益率和累计异常收益率是否显著异于 0。对全部样本公告效应进行研究，结果如表 8 - 2 所示。

表 8 - 2　样本公司平均异常收益率及其 T 检验和累计异常收益率

t	N	AAR$_t$	T 值	CAR$_t$
- 10	100	- 0.28%	- 0.90	- 0.28%
- 9	100	- 0.14%	- 0.45	- 0.43%
- 8	100	- 0.41%	- 1.00	- 0.84%
- 7	100	0.32%	0.86	- 0.52%
- 6	100	- 0.17%	- 0.43	- 0.69%
- 5	100	0.82%**	2.01	0.13%
- 4	100	0.50%	1.14	0.64%

续表

t	N	AAR$_t$	T值	CAR$_t$
-3	100	0.39%	0.78	1.03%
-2	100	0.02%	0.02	1.05%
-1	100	-0.50%	-0.56	0.55%
0	100	0.18%	0.21	0.74%
1	100	0.66%	0.78	1.40%
2	100	1.38%**	2.04	2.78%
3	100	0.14%	0.21	2.91%
4	100	-0.04%	-0.05	2.87%
5	100	-0.04%	-0.04	2.83%
6	100	-0.03%	-0.04	2.81%
7	100	1.15%	0.72	3.96%
8	100	-0.32%	-0.35	3.64%
9	100	-1.32%	-0.85	2.32%
10	100	-0.25%	-0.31	2.07%

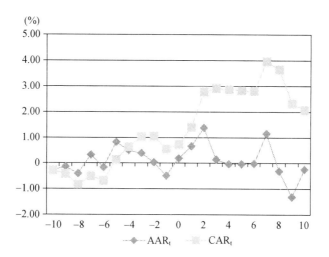

图8-2　样本公司平均异常收益率（AAR$_t$）和
累计异常收益率（CAR$_t$）变动趋势

从图8-2可以看出，平均异常收益率（AAR$_t$）在第-10到
-5天，变动幅度不大，在-0.41%和0.82%之间震荡前行，但从

第 - 5 天开始下跌，直到增发招股意向书公告前一天，这说明市场上可能存在着消息的提前泄露，平均异常收益率在再融资前下降，第 - 1 天AAR$_t$ 为 - 0.5%，但统计上并不显著，随后表现为上升，到增发招股意向书公告后两天达到最高 1.38%，T 检验值为 2.04，在 5% 水平上显著，之后又下跌至 0 附近，震荡前行。在（ - 10，10）的窗口内，CAR$_t$ 基本呈上升趋势，在第 - 10 日到第 - 5 日在 0 以下，从第 - 5 日开始，出现小幅上升，一直持续到公告后第 7 日达到最高，为 3.96%。再融资公司股票平均异常收益率和累计异常收益率的走势表现，说明在增发招股说明书公告前 5 日，市场出现反应，但并不剧烈，整个（ - 10，10）窗口内，股价波动并不明显，针对2007—2013 年进行公开增发的样本研究，并没有发现负的公告效应。与之前文献的研究结论不一致，这可能与本书所选取的样本期间有关，近几年市场环境发生变化，对于公开增发公司的资格提出更高要求，公开增发公司质量有所提升。

　　二　经营业绩表现统计分析

　　增发能否带来公司未来业绩的增长，要看募集资金是否得到了合理使用，本书选取 3 个财务指标衡量经营业绩，包括总资产报酬率（ROA）、净资产收益率（ROE）以及经营活动现金流量与利润总额之比（CFP），不仅观察 ROA 和 ROE 的变动，还要观察公司再融资前后现金流生成能力是否有变化，根据样本期间（2007—2011年）对比分析增发前一年、增发当年以及增发后两年公司经营业绩的变化，具体见表 8 - 3。

表 8 - 3　增发前后上市公司经营业绩变化（ROA，ROE，CFP）

	N	- 1	0	1	2
ROA	89	6.62%	5.83%	5.31%	5.34%
ROE	89	11.73%	9.80%	8.41%	8.09%
CFP	89	1.80	0.07	0.91	2.00
ROA$_{-1}$_ ROA$_0$（%）		ROA$_{-1}$_ ROA$_1$（%）		ROA$_{-1}$_ ROA$_2$（%）	
0.79*** （2.42）		1.31*** （3.39）		1.28*** （2.94）	

续表

	N	−1	0	1	2
ROE_{−1_} ROE_0 （%）		ROE_{−1_} ROE_1 （%）		ROE_{−1_} ROE_2 （%）	
1.93*** （3.06）		3.33*** （3.66）		3.64*** （2.96）	
CFP_{−1_} CFP_0		CFP_{−1_} CFP_1		CFP_{−1_} CFP_2	
1.73 （1.24）		0.88 （0.73）		−0.21 （−0.14）	

注：括号内数值为 t 检验值，***、**和*分别表示在1%、5%和10%的水平上显著。

从表8-3可以看出，公开增发前一年的总资产收益率（ROA）高于公开增发当年及后两年，且均在1%水平上显著，T检验值分别为2.42、3.39、2.94，说明增发后，上市公司存在总资产报酬率下滑现象，公开增发前一年的净资产收益率ROE也高于增发当年及后两年，均在1%水平上显著，T检验值分别为3.06、3.66、2.96，增发后ROE也出现显著下滑，现金流生成能力在增发后下降，增发当年和增发后一年都低于增发前一年的水平，两年后现金与利润总额比才缓慢上升，但并不显著。这说明公开增发后存在长期经营业绩下滑，公开增发当年及后两年的经营业绩都低于公开增发前一年，根据毕金玲（2014）的研究，其原因可能是上市公司再融资之前存在盈余管理行为。本书重点考察社会责任报告对再融资绩效的影响，所以，接下来，将样本进行分组分为披露社会责任报告组和未披露社会责任报告组，然后对比分析。

表8-4　　　　　　　　　分组样本经营业绩表现比较

	未披露组	披露组
ROA_0_ ROA_1 （%）	0.01*** （3.44）	0.00 （−0.83）
ROE_0_ ROE_1 （%）	0.03*** （2.99）	0.00 （−0.56）
CFP_0_ CFP_1	−2.35 （−1.38）	1.27 （1.09）

由于社会责任报告一般随年报公布，而当年年报是在第二年4月30日以前报出，所以，增发当年社会责任报告披露时点为第二年年初，其影响增发后一年的经营业绩，因此，以增发当年是否披露

社会责任报告为准，将样本分为披露组和未披露组，比较增发当年与后一年的经营业绩指标变动，如表8-4所示。可以发现，对于未披露社会责任报告组，其增发后一年总资产报酬率（ROA）及净资产收益率（ROE）与增发当年相比，均显著下降，T值分别为3.44和2.99，均在1%水平上显著，经营活动现金流量与利润总额之比（CFP）上升，但不显著，这说明上市公司成功再融资后，可能存在着现金流闲置，没能很好地利用增发募集的资金；而披露社会责任报告组总资产报酬率（ROA）和净资产收益率（ROE）都上升，但不显著，说明披露社会责任报告的公司还是从一定程度上具备持续发展的能力，其经营业绩的表现好于未披露组，没有因为再融资而导致业绩大幅下滑。

表8-5　　　　　　　　分组样本经营业绩表现变动趋势

未披露组	N	-1	0	1	2
ROA	52	6.87%	6.18%	5.06%	4.94%
ROE	52	11.79%	9.36%	6.65%	5.90%
CFP	52	0.52	-1.29	1.06	2.17
披露组	N	-1	0	1	2
ROA	37	6.26%	5.34%	5.66%	5.89%
ROE	37	11.66%	10.43%	10.87%	11.18%
CFP	37	3.59	1.98	0.71	1.78

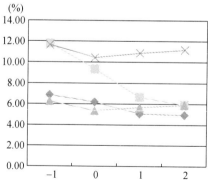

图8-3　分组样本 ROA 和 ROE 变动

从表 8 - 5 和图 8 - 3 可见，未披露社会责任报告组增发前一年、当年及后两年，ROA、ROE 均呈下降趋势，再融资前一年 ROA 为6.87%，当年下降到 6.18%，第二年下降到 4.94%，再融资前一年ROE 为 11.79%，再融资后第二年下降到 5.90%，而披露社会责任报告组其 ROA、ROE 只在增发当年下降，之后两年缓慢回升，这说明，披露社会责任报告的公司业绩逐渐变好，与未披露社会责任报告的公司相比，并没有出现再融资后的业绩恶化，发展更具备可持续性。

三　变量描述

表 8 - 6　　　　　　　　　变量定义

变量类型	预期符号	变量名称	变量描述
因变量		公开增发公司平均累计异常收益率（CAR）	在（-10，10）窗口内累计异常收益率，市场绩效的代理变量
		公开增发公司净资产收益率的变化（ΔROE）	增发后一年净资产收益率与增发当年净资产收益率的差额，长期经营绩效的代理变量
自变量	+	增发当年是否披露社会责任报告（ANNOUNCE）	如果披露社会责任报告设为1，否则为0
	+	社会责任报告披露质量（QUALITY）	得分越高，则社会责任报告质量越高
	+	增发当年是否首次披露社会责任报告（FIRST）	如果是首次披露社会责任报告设为1，否则为0
控制变量	+	公司规模 ln（Size）	增发前一年总资产自然对数
	-	财务杠杆（Lev）	增发前一年公司资产负债率
	-	发行规模（Offer）	再融资发行数量/再融资前流通在外的股票数量
	-	第一大股东持股比例（Top1）	第一大股东持股数/公司总股数
	+	产权性质（NATURE）	产权性质，根据最终控制人性质，如果为国有设为1，如果为民营设为0
	+	成长性（GROWTH）	以营业收入的增长率作为成长性的衡量指标

　　本书选取公开增发公司（－10，10）窗口内累计异常收益率（CAR）作为市场绩效的代理变量，同时，由于 ROE 是一项综合性很强的指标，包含企业销售能力、盈利能力、运营效率、财务杠杆等多方面的因素，所以选取 ROE 作为经营绩效的代理变量，如前面研究所示，因为增发后存在业绩下滑，所以，本书使用增发后一年与增发当年 ROE 的变动额作为因变量，后面运用 ROA 进行稳健性检验。另外，由于企业现金流的生成能力非常重要，所以因变量也选取了经营活动现金流量与利润总额之比。增发公司当年是否披露社会责任报告（ANNOUNCE）为 0—1 变量，披露取 1，否则取 0。披露社会责任报告意味着公司重视社会责任的履行，关心利益相关者的诉求，愿意通过社会责任报告向外界传递更多的信息，但披露社会责任报告并不一定说明披露的是一份高质量的报告，所以，我们还要检验社会责任报告披露质量对再融资业绩的影响。由于目前关于社会责任报告并没有规定的内容和格式，非专业人士很难对其质量做出评价，所以本书选取润灵公益事业咨询机构所发布的企业社会责任报告评分作为质量的衡量标准，得分越高者，社会责任报告的质量越高。如前面理论分析所言，首次披露意义重大，所以进一步考察首次披露效应，以再融资当年是否为首次披露社会责任报告为准，如果是取值为 1，否则为 0。

　　根据前人的研究，不同规模的公司在经营战略、公司治理水平等方面存在差异，再融资后公司规模进一步扩大，大规模公司拥有相对优势的资源，相比较小规模公司则劣势更多，因此公司规模越大，其再融资的业绩表现会更好。资产负债率是代表公司资本结构和财务杠杆的指标，用于衡量上市公司的债务偿还能力，公司实施再融资后会使资产负债率下降，向外界传达财务杠杆下降的消息，使得公司业绩上升。由于我国上市公司再融资存在一定的盲目性，再融资资金的使用效率不高，因此上市公司发行规模越大，其业绩表现越差，发行规模对业绩存在负面影响。另外，研究表明大股东存在掏空上市公司利益的行为，在资本市场监管机制相对不完善的条件下，大股东持股比例越高，则再融资后公司业绩表现越差。民

营上市公司比国有上市公司在再融资前存在更严重的盈余管理行
为，所以其再融资后业绩表现更差；而公司的成长性越好，其再融
资后的业绩表现越好。因此，本书选取公司规模 ln（Size）、财务杠
杆（Lev）、发行规模（Offer）、第一大股东持股比例（Top1）、产权
性质（NATURE）和营业收入增长率（REVENUE - g）作为控制变
量，同时以国泰安数据库行业分类 A 为依据，控制行业因素的影
响。由于大量的研究表明公司在再融资前会进行盈余管理，导致公
司业绩虚增，这种虚增的业绩甚至会延续至再融资以后的年份，所
以再融资公司的业绩表现存在"噪声"，其对社会责任的影响相对
有限，本书的研究样本设定为再融资公司，重点关注社会责任报告
披露及披露质量对其业绩表现的影响，同时在实证研究中采用滞后
一期的解释变量以消除可能产生的内生性问题。

表 8 - 7   变量描述性统计

	样本数	最小值	最大值	均值	标准差
ΔROE	100	- 0.32	0.28	- 0.02	0.07
CAR	100	- 2.26	3.65	0.02	0.53
ANNOUNCE	100	0	1	0.46	0.50
QUALITY	46	20.00	52.52	32.57	7.35
FIRST	46	0	1	0.23	0.42
ln（Size）	100	20.02	25.40	22.43	1.32
Lev	100	0.16	0.89	0.53	0.16
Offer	100	0.01	0.55	0.15	0.11
Top1	100	0.05	0.71	0.36	0.16
NATURE	100	0	1	0.43	0.50
REVENUE - g	100	- 0.69	5.94	0.20	0.75

根据表 8 - 7 可知，样本公司增发后一年与当年净资产收益率
ROE 的变动最大值为 28%，最小值 - 32%，平均为 - 2%，变化幅
度较大；在全部 100 家样本公司中，有 46 家公司增发当年披露了社
会责任报告，占 46%，有 54 家公司并没有发布社会责任报告，其

中大部分公司根本没有任何关于社会责任的说明，少数公司在年报中列示了关于社会责任的相关文字表述，可见，有一部分再融资公司对于社会责任问题仍处于观望态度。在全部46家披露社会责任报告的公司中，有约10家公司属于首次披露，可见，再融资公司逐渐提高了对社会责任报告的重视。另外，公司总资产自然对数均值为22.43，样本公司平均资产负债率较高，达到53%，增发股数占发行前总股数的比例平均为15%，第一大股东持股比例偏高，平均为36%，全部样本中有43家公司属于国有产权，约占43%，营业收入增长率平均约为20%。相关分析表明变量之间不存在共线性问题（表格未列示）。

四　变量的正态检验

一般线性回归模型的假设前提是变量的正态分布，但是，财务指标有时不符合正态分布假定，因此，本书首先对变量进行正态检验，采用单样本 K—S 检验方法，其零假设 H_0 为样本来自的总体与正态分布无显著差异，这是一种拟合优度的检验方法，之后根据检验结果进行正态转换，使变量接近正态分布。

表 8 - 8　　　　　　　　　　　　变量正态检验

	CAR	ΔROE	ln(Size)	Lev	Offer	Top1	REVENUE - g
均值	0.02	- 0.02	22.43	0.53	0.15	0.36	0.20
标准差	0.53	0.07	1.32	0.16	0.11	0.16	0.75
K—S	2.83	0.69	0.93	0.79	1.51	0.87	1.35
P 值	0.00	0.61	0.35	0.55	0.02	0.44	0.10

注：ANNOUNCE、FIRST、QUALITY 和 NATURE 四项指标未有进行正态检验。

由结果可知，ΔROE、ln(Size)、Lev、Rop 1、REVENUE - g 的 P 值分别为 0.61、0.35、0.55、0.44、0.10，所以，它们符合正态分布，但 CAR 和 Offer 不符合正态分布，其分布如图 8 - 4 所示，因此，需要对其进行正态转换，在 SPSS 中运用 RANK - CASE 进行转换，然后再进行回归分析。

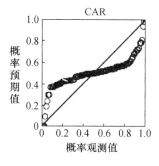 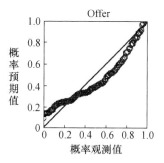

图 8 - 4　CAR 与 Offer 正态检验 P—P 示意

五　回归结果分析

（一）检验社会责任报告披露与再融资业绩的关系

检验模型（8.1）和模型（8.2）：

$$CAR = C + \beta_1 ANNOUNCE + \beta_2 \ln(SIZE) + \beta_3 Lev + \beta_4 Offer +$$
$$\beta_5 Top1 + \beta_6 NATURE + \beta_7 REVENUE - g +$$
$$\sum INDUSTRY + \varepsilon \tag{8.1}$$

$$\Delta ROE = C + \beta_1 ANNOUNCE + \beta_2 \ln(Size) + \beta_3 Lev + \beta_4 Offer +$$
$$\beta_5 Top1 + \beta_6 NATURE + \beta_7 REVENUE - g +$$
$$\sum INDUSTRY + \varepsilon \tag{8.2}$$

表 8 - 9　　　　　　　模型（8.1）和模型（8.2）回归结果

	模型（8.1）	模型（8.2）
CONSTANT	1.099 **	0.128 *
	(2.129)	(1.816)
ANNOUNCE	**0.350 ****	**0.212 ****
	(2.123)	**(2.396)**
ln(Size)	0.100	- 0.118 *
	(0.054)	(- 1.865)
Lev	- 0.116 *	- 0.052 **
	(- 1.930)	(- 2.419)
Offer	0.026	0.010
	(0.535)	(0.087)
Top1	- 0.028f *	0.005
	(- 1.977)	(0.048)

续表

	模型 (8.1)	模型 (8.2)
NATURE	0.135	0.018**
	(0.124)	(2.155)
REVENUE – g	0.302*	0.604**
	(1.877)	(2.042)
INDUSTRY	Controlled	Controlled
Adj – R²	0.26	0.29
N	100	100

注：括号内数值为 t 检验值，＊＊＊、＊＊和＊分别表示在 1%、5% 和 10% 的水平上显著。

检验模型（8.1）发现，增发当年是否披露社会责任报告与公开增发累计异常收益率呈正相关关系，系数为 0.350，T 值为 2.123，在 5% 水平上显著，说明披露社会责任报告的公司，市场对其增发行为持欢迎态度，并没有出现以前的负公告效应，增发股票的累计异常收益率高于未披露社会责任报告的公司。同时，财务杠杆、第一大股东持股比例和营业收入增长率也与 CAR 显著相关，财务杠杆和第一大股东持股比例越大，CAR 越小，而公司成长性越好，CAR 越大，公司规模、发行规模、产权性质与预期符号也相一致，但并不显著。

检验模型（8.2）发现，增发当年是否披露社会责任报告与增发后 ROE 的变动呈正相关关系，系数为 0.212，T 值为 2.396，在 5% 水平上显著，说明与未披露社会责任报告的公司相比，披露社会责任报告的公司再融资后的经营业绩表现更好，能够履行社会责任并且披露社会责任报告的再融资公司，本身具备更强的发展能力，其经营业绩呈上升趋势。同样地，成长性越好的公司，其经营业绩表现也更好，但是，并没有发现大规模公司的经营业绩表现更好的证据，财务杠杆和产权性质与预期符号相一致。用经营现金流量与利润总额之比作为经营业绩的变量指标时，并没有发现披露社会责任报告的公司再融资后的现金流生成能力更强，可能是因为披露社会责任报告的公司发展能力强，再融资后一年将大量的现金流应用于公司的投资项目，而未披露社会责任报告的公司存在现金流闲置，由于结果不显著，所以相关表格未列出。本书发现了社会责任报告披露与增发公司业绩之间存在正相关的证据，披露社会责任报告的公司，其市场业绩和长期经营业绩表现更好，那么披露出来的社会责任报告质量是否存在影响，接下来检验社会责任报告披露质量与再融资业绩的关系。

（二）检验社会责任报告披露质量与再融资绩效的关系

检验模型（8.3）和模型（8.4）：

$$CAR = C + \beta_1 QUALITY + \beta_2 \ln(Size) + \beta_3 Lev + \beta_4 Offer +$$
$$\beta_5 Top1 + \beta_6 NATURE + \beta_7 REVENUE - g +$$
$$\sum INDUSTRY + \varepsilon \qquad (8.3)$$

$$\Delta ROE = C + \beta_1 QUALITY + \beta_2 \ln(Size) + \beta_3 Lev + \beta_4 Offer +$$
$$\beta_5 Top1 + \beta_6 NATURE + \beta_7 REVENUE - g +$$
$$\sum INDUSTRY + \varepsilon \qquad (8.4)$$

表 8 – 10　　　　　　模型（8.3）和模型（8.4）回归结果

	模型（8.3）	模型（8.4）
CONSTANT	1.437 ***	2.022 *
	(3.269)	(1.926)
QUALITY	**0.416 *****	**0.178 ***
	(2.873)	**(1.951)**
ln（Size）	0.120	0.085
	(1.034)	(0.428)
Lev	– 0.226 **	– 0.502 **
	(– 2.254)	(– 2.131)
Offer	– 0.401 **	0.178
	(– 2.346)	(0.839)
Top1	0.027	– 0.126
	(0.035)	(– 0.722)

续表

	模型 (8.3)	模型 (8.4)
NATURE	0.172**	0.073
	(2.686)	(0.417)
REVENUE - g	0.070*	0.123**
	(1.846)	(2.068)
INDUSTRY	Controlled	Controlled
Adj - R^2	0.41	0.23
N	46	46

注：括号内数值为 T 检验值，***、** 和 * 分别代表在 1%、5% 和 10% 的水平上显著。

检验模型（8.3）发现，社会责任报告披露质量与累计异常收益率呈正相关关系，系数为 0.416，T 值为 2.873，在 1% 水平上显著，说明社会责任报告披露质量越高的公司，增发累计异常收益率就越大，市场能够识别这样的高质量公司。同时，财务杠杆越大的公司，市场业绩表现越差，而公司规模、发行规模、产权性质、营业收入增长率与预期符号也相一致，第一大股东持股比例与预期符号不一致，但不显著。检验模型（8.4）发现，增发当年社会责任报告披露质量与再融资后 ROE 的变动呈正相关关系，系数为 0.178，T 值为 1.951，在 10% 水平上显著，说明社会责任报告披露质量高的公司再融资后一年的经营业绩表现更好，高质量的社会责任报告是公司内在实力及发展潜力的外在表现，市场对公司的发展具备信心，其经营业绩也呈上升趋势，而且公司的成长性越好，经营业绩表现越好，但财务杠杆大的公司经营业绩表现也较差，公司规模、第一大股东持股比例和产权性质与预期符号相一致。用经营现金流量与利润总额之比作为经营业绩的变量指标时，没有发现社会责任报告披露质量高的公司再融资后的现金流生成能力更强，原因如前所述，表格未列出。模型（8.3）和模型（8.4）的回归结果说明社会责任报告披露质量与增发公司市场绩效和经营绩效之间存在正相关关系。那么对于首次披露社会责任报告的公司，其再融资业绩表现如何，接下来对首次披露效应进行检验。

（三）检验首次披露效应

检验模型（8.5）和模型（8.6）：

$$CAR = C + \beta_1 FIRST + \beta_2 \ln(Size) + \beta_3 Lev + \beta_4 Offer +$$
$$\beta_5 Top1 + \beta_6 NATURE + \beta_7 REVENUE - g +$$
$$\sum INDUSTRY + \varepsilon \qquad (8.5)$$

$$\Delta ROE = C + \beta_1 FIRST + \beta_2 \ln(Size) + \beta_3 Lev + \beta_4 Offer +$$
$$\beta_5 Top1 + \beta_6 NATURE + \beta_7 REVENUE - g +$$
$$\sum INDUSTRY + \varepsilon \qquad (8.6)$$

表 8 – 11　　　　　模型（8.5）和模型（8.6）回归结果

	模型（8.5）	模型（8.6）
CONSTANT	0.962 **	0.083 **
	(2.465)	(2.258)
FIRST	0.244	0.050
	(0.912)	(0.264)
ln（Size）	0.111	0.048
	(0.932)	(0.230)
Lev	− 0.380 **	− 0.058
	(− 2.409)	(− 0.291)
Offer	0.401	0.002
	(0.347)	(0.008)
Top1	0.225	− 0.133
	(0.300)	(− 1.671)
NATURE	0.118	− 0.018
	(0.462)	(− 0.100)
REVENUE – g	0.142	0.701 *
	(0.512)	(1.932)
INDUSTRY	Controlled	Controlled
R²	0.16	0.17
N	100	100

注：括号内数值为 t 检验值，***、** 和 * 分别代表在 1%、5% 和 10% 的水平上显著。

　　检验模型（8.5），并没有发现再融资当年是否为首次披露社会责任报告与累计异常收益率的相关关系，同样检验模型（8.6），无论是以再融资后 ROE 的变动作为因变量，还是用经营现金流量与利润总额之比作为因变量，均没有发现首次披露社会责任报告与再融资业绩的关系，首次披露效应并不存在，说明再融资当年是否为首次披露社会责任报告，对再融资的业绩影响不大。这种结果可能的原因，从统计学角度来讲，样本数量100家公司可能偏少，降低了模型的自由度，尽管如此，本书还是找到了社会责任报告披露及披露质量与再融资业绩之间的关系。

六　稳健性检验

　　进一步地，文中使用持有期收益率和再融资前后总资产报酬率（ROA）的变动分别作为市场绩效和长期经营业绩的代理变量，进行稳健性检验，研究结论与前文相同。上市公司再融资当年是否披露社会责任报告以及报告披露的质量与持有期收益率、ROA 变动量均呈正相关关系，说明前文研究设计所得出的结论具备可靠性，针对模型（8.1）和模型（8.3），采用持有期收益率作为累计异常收益率的代理变量，系数分别为 0.281 和 0.186，T 值分别为 2.460 和 1.952，在 10% 和 5% 水平上显著；针对模型（8.2）和模型（8.4），采用再融资前后 ROA 变动量作为经营业绩代理变量，系数分别为 0.419 和 0.710，T 值分别为 1.960 和 2.134，在 10% 和 5% 水平上显著，具体见表8－12。

表 8－12　　　　　　　　　　　稳健性检验结果

	模型（8.1）	模型（8.3）	模型（8.2）	模型（8.4）
CONSTANT	1.090*	1.060***	0.032**	0.117*
	(1.902)	(3.207)	(2.362)	(1.956)
ANNOUNCE	0.281**		0.419*	
	(2.460)		(1.960)	
QUALITY		0.186*		0.710**
		(1.952)		(2.134)

续表

	模型（8.1）	模型（8.3）	模型（8.2）	模型（8.4）
ln(Size)	0.131	0.808**	-0.347	0.176
	(0.977)	(1.943)	(-0.701)	(0.334)
Lev	-0.031**	-0.188*	-0.432	-0.629*
	(-2.251)	(-1.841)	(-0.812)	(-1.878)
Offer	0.944	-0.026	0.057	-0.126**
	(1.101)	(-0.139)	(0.367)	(-2.565)
Top1	-0.632**	-0.135	-0.118*	0.890
	(-2.024)	(-0.727)	(-1.965)	(0.369)
NATURE	0.302	0.077**	0.276*	0.764
	(0.195)	(2.425)	(1.831)	(0.223)
REVENUE-g	0.506*	0.121	0.707**	0.909*
	(1.853)	(0.574)	(2.294)	(1.928)
INDUSTRY	Controlled	Controlled	Controlled	Controlled
R^2	0.25	0.30	0.22	0.21
N	100	46	100	46

注：括号内数值为 t 检验值，***、** 和 * 分别表示在1%、5% 和 10% 的水平上显著。

第四节　总结

本章以 2007—2013 年公开增发 A 股上市公司作为样本，将披露社会责任报告和实施再融资两种公司行为结合进行研究，从社会责任报告是否影响再融资公司市场绩效和经营绩效的视角展开，研究发现，公开增发并没有出现负公告效应，这可能与近年市场环境变化、增发门槛提高、增发公司质量上升有关，这在一定程度上说明了监管政策的有效性。对于经营业绩，本书发现增发公司存在长期经营业绩下滑趋势，增发当年及后两年的 ROE 和 ROA 均明显低于增发前一年；但分组样本考察发现，披露社会责任报告组其经营业绩表现要好于未披露组，说明披露社会责任报告的公司质量更优，更具备发展潜力。回归分析发现披露社会责任报告的再融资公司市场绩效和经营业绩表现更好，同时，进一步研究也发现社会责任报告披露的质量越高，再融资公司的市场绩效和经营业绩表现越好，但是本书并没有发现社会责任报告的首次披露效应。

本书的研究对于监管层和上市公司均具有重要意义，既然社会责任报告能够影响再融资公司业绩，反映上市公司质量，那么监管层未来应加强关于社会责任报告披露的相关规定，不断提升上市公司社会责任信息披露水平。另外，本研究从一定程度上说明，投资者具备识别优良上市公司的能力，所以有再融资打算的上市公司应积极履行社会责任，定期披露社会责任报告，以树立良好的公司形象，提升美誉度。本书的贡献在于：从社会责任报告的视角研究再融资问题。但是，本书的不足之处在于：社会责任和财务绩效之间并不是单向关系，它们存在协同效应，未来可以针对再融资公司的社会责任表现做进一步跟踪研究。

参考文献

［1］毕金玲：《上市公司股权再融资方式选择研究》，东北财经大学出版社 2014 年版。

［2］薄仙慧、吴联生：《国有控股与机构投资者的治理效应：盈余管理视角》，《经济研究》2009 年第 2 期。

［3］毕金玲：《股权再融资、盈余管理与产权性质》，《辽宁大学学报》（哲学社会科学版）2014 年第 5 期。

［4］陈小悦、肖星、过晓艳：《配股权与上市公司利润操纵》，《经济研究》2000 年第 1 期。

［5］程书强：《机构投资者持股与上市公司会计盈余信息关系实证研究》，《管理世界》2006 年第 9 期。

［6］邓路、王化成、李思飞：《上市公司定向增发长期市场表现：过度乐观还是反应不足？》，《中国软科学》2011 年第 6 期。

［7］杜朝运、马彧菲：《商业银行社会责任、声誉溢出与市场效应——基于中国首家赤道银行的案例研究》，《投资研究》2014 年第 4 期。

［8］傅鸿震：《履行社会责任与提升企业绩效冲突吗——商务模式的调节作用》，《财经论丛》2014 年第 6 期。

［9］耿建新、吕跃金、邹小平：《我国上市公司定向增发的长期业绩实证研究》，《审计与经济研究》2011 年第 11 期。

［10］官峰、靳庆鲁、张佩佩：《机构投资者与分析师行为——基于定向增发解禁背景》，《财经研究》2015 年第 6 期。

［11］高伟伟、李婉丽、黄珍：《家族企业管理者是否存在学习行为——基于定向增发的经验数据》，《山西财经大学学报》

2015 年第 8 期。

[12] 黄晓薇、文熠:《定向增发中的大股东认购、盈余管理与公司长期绩效》,《重庆大学学报》(社会科学版) 2014 年第 6 期。

[13] 胡乃武、阎衍、张海峰:《增发融资的股价效应与市场前景》,《金融研究》2002 年第 5 期。

[14] 黄兴年:《也谈产生公司有效监督主体的前提》,《华中科技大学学报》(社会科学版) 2006 年第 1 期。

[15] 雷光勇、刘慧龙:《控股股东控制、融资规模与盈余操纵程度》,《管理世界》2006 年第 1 期。

[16] 李向前:《机构投资者公司治理与资本市场稳定研究》,《南开经济研究》2002 年第 2 期。

[17] 李正:《企业社会责任与企业价值相关性研究——来自沪市上市公司的经验证据》,《中国工业经济》2006 年第 2 期。

[18] 陆正飞、魏涛:《配股后业绩下降:盈余管理后果与真实业绩滑坡》,《会计研究》2006 年第 8 期。

[19] 刘宇:《上市公司股权再融资股价效应研究》,《中国管理科学》2006 年第 10 期。

[20] 李善民、王彩萍:《机构持股与上市公司高级管理层薪酬关系实证研究》,《管理评论》2007 年第 1 期。

[21] 刘力、王汀汀、王震:《中国 A 股上市公司增发公告的负价格效应及其二元股权结构解释》,《金融研究》2003 年第 8 期。

[22] 李增福、郑友环、连玉君:《股权再融资、盈余管理与上市公司业绩滑坡——基于应计项目操控与真实活动操控方式下的研究》,《中国管理科学》2011 年第 4 期。

[23] 卢闯、李志华:《投资者情绪对定向增发折价的影响研究》,《中国软科学》2011 年第 7 期。

[24] 李增福、黄华林、连玉君:《股票定向增发、盈余管理与公司的业绩滑坡——基于应计项目操控与真实活动操控方式下的研究》,《数理统计与管理》2012 年第 5 期。

[25] 刘京军、徐浩萍:《机构投资者:长期投资者还是短期机会主

义者?》,《金融研究》2012 年第 9 期。

［26］李姝、赵颖、童婧:《社会责任报告降低了企业权益资本成本吗?》,《会计研究》2013 年第 9 期。

［27］马黎政、杨奔:《信用评级信息对定向增发折价的影响研究》,《财经问题研究》2015 年第 10 期。

［28］冉茂盛、钟海燕、文守逊、邓流生:《大股东控制影响上市公司投资效率的路径研究》,《中国管理科学》2010 年第 4 期。

［29］孙铮、王跃堂:《资源配置与盈余操纵之实证研究》,《财经研究》1999 年第 4 期。

［30］石美娟、童卫华:《机构投资者提升公司价值吗? ——来自后股改时期的经验证据》,《金融研究》2009 年第 10 期。

［31］王跃堂:《会计政策选择的经济动机——基于沪深股市的实证研究》,《会计研究》2000 年第 12 期。

［32］汪海宁:《增发新股对股票价格影响理论与实证研究》,《中国证券报》2001 年 8 月 14 日。

［33］王建明:《环境信息披露、行业差异和外部制度压力相关性研究——来自我国沪市上市公司环境信息披露的经验证据》,《会计研究》2008 年第 6 期。

［34］王琨、肖星:《机构投资者持股与关联方占用的实证研究》,《南开管理评论》2005 年第 8 期。

［35］温素彬、方苑:《企业社会责任与财务绩效关系的实证研究——利益相关者视角的面板数据分析》,《中国工业经济》2008 年第 10 期。

［36］王志彬、周子剑:《定向增发新股整体上市与上市公司短期股票价格的实证研究——来自中国证券市场集团公司整体上市数据的经验证明》,《管理世界》2008 年第 12 期。

［37］王志强、张玮婷、林丽芳:《上市公司定向增发中的利益输送行为研究》,《南开管理评论》2010 年第 13 期。

［38］王克敏、刘博:《公开增发业绩门槛与盈余管理》,《管理世界》2012 年第 8 期。

[39] 王晓亮、俞静：《定向增发、盈余管理与股票流动性》，《财经问题研究》2016 年第 1 期。

[40] 辛清泉、林斌、王彦超：《政府控制、经理薪酬与资本投资》，《经济研究》2007 年第 8 期。

[41] 徐寿福：《大股东认购与定向增发折价——来自中国市场的证据》，《经济管理》2009 年第 9 期。

[42] 徐斌、俞静：《究竟是大股东利益输送抑或投资者乐观情绪推高了定向增发折扣——来自中国证券市场的证据》，《财贸经济》2010 年第 4 期。

[43] 徐寿福：《上市公司定向增发公告效应及其影响因素研究》，《证券市场导报》2010 年第 5 期。

[44] 徐寿福、龚仰树：《定向增发与上市公司长期业绩下滑》，《投资研究》2011 年第 10 期。

[45] 姚颐、刘志远、王健：《股权分置改革、机构投资者与投资者保护》，《金融研究》2007 年第 11 期。

[46] 杨熠、沈洪涛：《我国公司社会责任与财务业绩关系的实证研究》，《暨南学报》（哲学社会科学版）2008 年第 6 期。

[47] 姚颐、刘志远：《机构投资者具有监督作用吗?》，《金融研究》2009 年第 6 期。

[48] 叶松勤、徐经长：《大股东控制与机构投资者治理效应分析——基于投资效率视角的实证分析》，《证券市场导报》2013 年第 5 期。

[49] 严武、李佳、刘斌斌：《定向增发、控股权性质与产业升级效应分析》，《当代财经》2014 年第 5 期。

[50] 曾颖、陆正飞：《信息披露质量与股权融资成本》，《经济研究》2006 年第 2 期。

[51] 章卫东：《定向增发新股、整体上市与股票价格短期市场表现的实证研究》，《会计研究》2007 年第 12 期。

[52] 章卫东：《定向增发新股、投资者类别与公司股价短期表现的实证研究》，《管理世界》2008 年第 4 期。

［53］ 朱红军、何贤杰、陈信元：《定向增发盛宴背后的利益输送销现象、理论根源与制度成因——基于驰宏锌锗的案例研究》，《管理世界》2008 年第 6 期。

［54］ 张鸣、郭思永：《股东控制下的定向增发和财富转移——来自中国上市公司的经验证据》，《会计研究》2009 年第 5 期。

［55］ 章卫东：《定向增发新股与盈余管理——来自中国证券市场的经验证据》，《管理世界》2010 年第 1 期。

［56］ 朱雅琴、姚海鑫：《企业社会责任与企业价值关系的实证研究》，《财经问题研究》2010 年第 2 期。

［57］ 赵玉芳、余志勇、夏新平、汪宜霞：《定向增发、现金分红与利益输送——来自我国上市公司的经验证据》，《金融研究》2011 年第 11 期。

［58］ 张兆国、靳小翠、李庚秦：《企业社会责任与财务绩效之间交互跨期影响实证研究》，《会计研究》2013 年第 8 期。

［59］ 支晓强、邓路：《投资者异质信念影响定向增发折扣率吗?》，《财贸经济》2014 年第 2 期。

［60］ Abagail McWilliams and Donald Siegel, "Corporate Social Responsibility and Financial Performance: Correlation or Misspecification?", *Strategic Management Journal*, Vol. 21, No. 5, 2000, pp. 603 – 609.

［61］ Anderson, H. D., Rose, L. C. and Cahan, S. F., "Differential Shareholder Wealth and Volumeeffects Surrounding Private Equity Placements in New Zealand", *Pacific – Basin Finance Journal*, Vol. 14, 2006, pp. 367 – 394.

［62］ An – Sing Chen, Lee – Young Cheng, Kuang – Fu Cheng, Shu – Wei Chih, "Earnings Management, Market Discounts and the Performance of Private Equity Placements", *Journal of Banking and Finance*, Vol. 34, 2010, pp. 1922 – 1932.

［63］ Arellano, Manuel and Olympia Bover, "Another Look at the Instrumental Variable Estimation of Error – components Models",

Journal of Econometrics, Vol. 68, No. 1, 1995, pp. 29 – 51.

[64] Baek, S. C. , Kang, T. H. and Lee, J. W. , "Business Groups and Tunneling: Evidence from Private Securities Offerings by Korean Chaebols", *Journal of Finance*, Vol. 61, 2006, pp. 2415 – 2449.

[65] Barnett, M. L. and R. M. Salomon, "Beyond Dichotomy: The Curvilinear Relationship between Social Responsibility and Financial Performance", *Strategic Management Journal*, Vol. 27, No. 11, 2006, pp. 1101 – 1122.

[66] Bhattacharya and H. Daouk, "The World Price of Insider Trading", *Journal of Finance*, Vol. 57, No. 1, 2002, pp. 75 – 108.

[67] Bowman E. and Haire, M. , "A Strategic Posture towards CSR", *Califorina Management Review*, Vol. 18, 1975, pp. 49 – 58.

[68] Brooks, L. D. and Graham, J. D. , "Equity Private Placements, Liquid Assets, and Firm Value", *Journal of Economics and Finance*, Vol. 29, 2005, pp. 321 – 336.

[69] Bushee, B. J. , "The Influence of Institutional Investors on Myopic R&D Investment Behavior", *The Accounting Review*, Vol. 73, No. 3, 1998, pp. 305 – 333.

[70] Callen, J. L. , Fang, X. , "Institutional Investor Stability and Crash Risk: Monitoring Versus Short – Termism?", *Journal of Banking & Finance*, Vol. 37, No. 8, 2013, pp. 3047 – 3063.

[71] Chen, X. , J. Harford, K. Li. , "Monitoring: Which Institutions Matter?", *Journal of Financial Economics*, Vol. 86, No. 2, 2007, pp. 279 – 305.

[72] Cochran, Philip L. , Wood, Robert A. , "Corporate Social Responsibility and Stock Market Performance", *Academy of Management Journal*, Vol. 27, 1984, pp. 42 – 56.

[73] Cohen, D. A. , Zarowin, P. , "Accrual – based and Real Earnings Management Activities Around Seasoned Equity Offerings",

Journal of Accounting and Economics, No. 50, 2010, pp. 2 – 19.

[74] Congsheng Wu and Chuck C. Y. Kwok, "Why Do US Firms Choose Global Equity Offerings?", *Financial Management*, Vol. 31, No. 1, 2002, pp. 47 – 65.

[75] Daily, C., Johnson, J., Ellstrand, A., Dalton, D., *Institutional Investor Activism: Follow the Leaders?*, Purdue University, Working Paper, 1996.

[76] Dalia Marciukaityte and Raj Varma, "Institutional Investors as Suppliers of Equity – linked Capital: Evidence from Privately Placed Convertible Debt", *Journal of Business Research*, Vol. 60, 2007, pp. 357 – 364.

[77] Dan S. Dhaliwal, O. Z. Li, A. Tsang and Y. G Yang, "Voluntary Non – financial Disclosure and the Cost of Equity Capital: The Case of Corporate Social Responsibility Reporting", *Accounting Review*, Vol. 86, No. 1, pp. 59 – 100.

[78] Dechow, M. P., Sloan, R. U., Sweeney, A. P., "Detecting Earnings Management", *Accounting Review*, No. 70, 1995, pp. 193 – 225.

[79] Eckbo, B. E. and Masulis, R. W., "Adverse Selection and the Rights Offer Paradox", *Journal of Financial Economics*, Vol. 32, No. 1, 1992, pp. 293 – 332.

[80] Folta, T. B. and Janney, J. J., "Strategic Benefits to Firms Issuing Private Equity Placements", *Strategic Management Journal*, Vol. 25, 2004, pp. 223 – 242.

[81] Hartzell, J. C., Starks, L. T., "Institutional Investors and Executive Compensation", *Journal of Finance*, Vol. 58, No. 6, 2003, pp. 2351 – 2374.

[82] Hellman, N., "Can We Expect Institutional Investors to Improve Corporate Governance?", *Scandinavian Journal of Management*, Vol. 21, No. 3, 2005, pp. 293 – 327.

［83］ Hertzel, M., Lemmon, M., Linck, J. S. and Rees, L., "Long – run Performance Following Private Placements of Equity", *Journal of Finance*, Vol. 57, No. 1, 2002, pp. 2595 – 2617.

［84］ Hertzel, M. and Smith, R. L., "Market Discounts and Shareholder Gains for Placing Equity Privately", *Journal of Finance*, Vol. 48, 1993, pp. 459 – 485.

［85］ Hoje Jo, Yongtae Kim, Myung Seok Park, "Underwriter Choice and Earnings Management: Evidence from Seasoned Equity Offerings", *Rev Acc Stud*, No. 12, 2007, pp. 23 – 59.

［86］ Hsiao – Chen Liang, Woan – Yuh Jang, "Information Asymmetry and Monitoring in Equity Private Placement", *Quarterly Review of Economics and Finance*, Vol. 53, 2013, pp. 460 – 475.

［87］ Karpoff, J. M., P. H. Malatesta, R. A. Walkling, "Corporate Governance and Shareholder Initiatives: Empirical Evidence", *Journal of Financial Economics*, Vol. 42, No. 3, 1996, pp. 365 – 395.

［88］ Kevin C. W. Chen, Hongqi Yuan, "Earnings Management and Capital Resource Allocation: Evidence from China's Accounting Based Regulation of Rights Issues", *The Accounting Review*, No. 7, 2004, pp. 645 – 665.

［89］ Koh, P. S., Institutional Investor Type, "Earnings Management and Benchmark Beaters", *Journal of Accounting and Public Policy*, Vol. 26, 2007, pp. 267 – 299.

［90］ Kotonen, U., "Formal Corporate Social Responsibility Reporting in Finnish Listed Companies", *Journal of Applied Accounting Research*, Vol. 10, No. 3, 2009, pp. 176 – 207.

［91］ La Porta, R., F. Lopez – de – Silanes, A. Shleifer, R. W. Vishny, "Investor Protection and Corporate Valuation", *Journal of Finance*, Vol. 57, 2002, pp. 1147 – 1170.

［92］ La Porta, R., F. Lopez – de – Silanes, A. Shleifer, "Corporate

Ownership Around the World", *Journal of Accounting and Eco-nomics*, Vol. 4, 1999, pp. 471 – 518.

[93] Loughran, T. and Ritter, J. R., "The Operating Performance of Firms Conducting Seasoned Equity Offerings", *Journal of Finance*, Vol. 52, No. 2, 1997, pp. 1823 – 1850.

[94] Margolis, J. D. and Walsh, J. P., "Misery Loves Companies: Rethinking Social Initiatives by Business", *Administrative Science Quarterly*, Vol. 48, No. 1, 2003, pp. 268 – 305.

[95] McWilliams, A., D. Siegel, "Corporate Social Responsibility: A Theory of the Firm Perspective", *The Academy of Management Re-view*, Vol. 26, 2001, pp. 117 – 127.

[96] Murphy, K., K. V. Nuys, *State Pension Funds and Shareholder inactivism*, Harvard Business School, Working Paper, 1994.

[97] Myers, S. and Majluf, N., "Corporate Investment and Financing Decisions When Firms Have Information That Investors Do Not Have", *Journal of Financial Economics*, Vol. 13, No. 1, 1984, pp. 187 – 221.

[98] Pierre Jeanneret, *Use of the Proceeds and Long – Term Performance of French SEO Firms*, Working Paper, 2000.

[99] Rangan, S., "Earnings Management and the Performance of Sea-soned Equity Offerings", *Journal of Financial Economics*, No. 50, 1998, pp. 101 – 122.

[100] Richardson, S., "Over – investment of Free Cash Flow", *Re-view of Accounting Studies*, Vol. 11, 2006, pp. 159 – 189.

[101] Rosenbaum, P., "Constructing A Control Group Using Multivari-ate Matched Sampling Methods That Incorporate the Propensity", *American Statistician*, Vol. 39, 1985, pp. 33 – 38.

[102] Rosenbaum, P., D. Rubin, "The Central Role of the Propensity Score in Observational Studies for Causal Effects", *Biometrika*, Vol. 70, 1983, pp. 41 – 55.

[103] Ruth, S. K. Tan, P. L. Chng and Y. H. Tong, "Private Place-ments and Rights Issues in Singapore", *Pacific - Basin Finance Journal*, Vol. 10, 2002, pp. 29 - 54.

[104] Sen, S. , Bhattacharya, C. B. , "Does Doing Good Always Lead to Doing Better? Consumer Reactions to Corporate Social Re-sponsibility", *Journal of Marketing Research*, Vol. 38, No. 2, 2001, pp. 225 - 243.

[105] Shivakumar, "Do Firms Mislead Investors by Overstating Earn-ings before Seasoned Equity Offerings?", *Journal of Accounting and Economics*, No. 6, 2000, pp. 339 - 371.

[106] S. H. Teoh, I. Welch, T. J. Wong, "Earnings Management and the Performance of Seasoned Equity Offerings", *Journal of Financial Economics*, No. 50, 1998, pp. 63 - 99.

[107] Silber, W. L. , "Discount on Restricted Stock: The Impact of Il-liquidity on Stock Price", *Financial Analysts Journal*, Vol. 47, 1991, pp. 60 - 64.

[108] Smith, J. , Todd, P. , "Rejoinder to Dehejia", *Journal of Ecomometri*, Vol. 125, 2005, pp. 365 - 375.

[109] Smith, M. P. , "Shareholder Activism by Institutional Investor: Evidence from Calpers", *Journal of Finance*, Vol. 51, 1996, pp. 227 - 252.

[110] Soon Suk Yoon, Gary Miller, "Earnings Management of Sea-soned Equity Offering Firms in Korea", *The International Journal of Accounting*, 2002, pp. 57 - 78.

[111] Taylor, Zhaohui Xu, "Consequences of Real Earnings Manage-ment on Subsequent Operating Performance", *Research in Ac-counting Regulation*, No. 22, 2010, pp. 128 - 132.

[112] Useem, M. , Bowman, E. , Myatt, J. , Irvine C. , "U. S. Institutional Investors Look at Corporate Governance in the 1990s", *European Management Journal*, No. 11, 1993, pp.

98 - 131.

[113] Wahal, S. , "Pension Fund Activism and Firm Performance", *Journal of Financial and Quantitative Analysis*, Vol. 31, No. 1, 1996, pp. 1 - 23.

[114] Wohlstetter, C. , "Pension Fund Socialism: Can Bureaucrats Run the Blue Chips?", *Harvard Business Review*, Vol. 71, No. 1, 1993, pp. 78 - 102.

[115] Wruck, K. H. , "Equity Ownership Concentration and Firm Value: Evidence from Private Equity Financings", *Journal of Financial Economics*, Vol. 25, 1989, pp. 71 - 78.

[116] Wruck, K. H. and Yi Lin Wu, "Relationships, Corporate Governance and Performance: Evidence from Private Placement of Common Stock", *Journal of Corporate Finance*, Vol. 15, 2009, pp. 30 - 47.

[117] Zhou, Randal Elder, "Audit Quality and Earnings Management by Seasoned Equity Offering Firms", *Asia - Pacific Journal of Accounting & Economics*, No. 2, 2004, pp. 95 - 120.

后 记

  笔者专注于上市公司股权再融资问题的研究已经近十年，本书是笔者近年来结合中国资本市场股权再融资的发展趋势，对上市公司定向增发研究的一个总结。感谢中国社会科学出版社的支持，感谢卢小生先生在本书编辑过程中所付出的辛勤劳动，同时感谢我的研究生邱新元、田超、由萌沛、栾悦在书稿校对过程中的认真工作，正是因为大家的支持和帮助，本书才得以顺利出版。

  本书写作过程中，得到了笔者的博士导师东北财经大学刘淑莲教授的悉心指导和帮助，在此深表谢意。毕业多年，刘老师的长者风范仍令人如沐春风，其严谨扎实的学风和精深的学术造诣令我钦佩，也让我受益匪浅，师恩浩荡，学生将永记不忘。同时，感谢东北财经大学金融学院的领导和同事们，学院举办的"双周论坛"对本书的写作帮助极大，不仅启发了笔者的研究思路，也为同事们共同讨论问题提供了机会，感谢同事们对书稿提出的建议和意见，反复修改，让我受益良多。

  最后，感谢我的家人，孩子尚年幼，书稿写作期间，父母及爱人承担了大量家务和照顾孩子的工作，让我有充足的时间可以专心科研，感谢家人对我的理解和支持，这也是我前进的动力。

毕金玲

2016 年 8 月 30 日于东财师学斋